Sonja Dehinger

W0250305

Thema Deutsch

Schülerarbeitsheft für die Sekundarstufe II

Grenzgänge
Romantik

Erarbeitet von Ulrich Liebchen
und Andrea Grote

Ernst Klett Schulbuchverlag Leipzig
Leipzig Stuttgart Düsseldorf

Inhalt

Wer da fliegen kann, nimmt Flügel

Einsam will ich untergehen

Schon ein Blick von der Höhe, ein Atemzug auf freien Bergen, versetzt uns in eine andere Welt

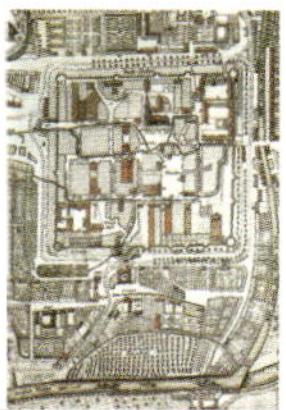

Wenn nicht mehr Zahlen und Figuren Sind Schlüssel aller Kreaturen

Im Traume ...
scheint die Seele eine ganz andere Sprache zu sprechen als gewöhnlich

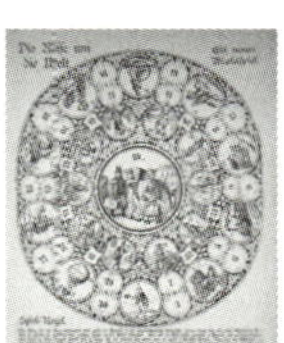

Fahre zu! Ich mag nicht fragen, wo die Fahrt zuende geht!

Die Einheit Europas keimt

Wie Flammen sind wir: einer kann den anderen entzünden

Zu Konzeption und Aufbau des Heftes

Die Epoche der Romantik gehört zu den geläufigen Themen des Literaturunterrichts. Oft jedoch wird sie verkürzt auf die Begriffe „Innerlichkeit" und „Weltflucht" dargestellt. Ihre Faszination erhält die Beschäftigung mit der Zeit zwischen 1795 und 1835 aber erst, wenn man sich näher auf die Grenzgänge einlässt, die ihre Vertreter unternahmen.
Das vorliegende Heft sieht die Romantik nicht isoliert, sondern stellt sie in die Tradition der Aufklärung. Nach dem Zerfall eines einheitlichen Weltbildes, den die Aufklärung herbeigeführt hat, soll wieder ein geistiger Mittelpunkt entstehen. Naturwissenschaftliche Forschung und Dichtung sollen zusammengehen, philosophische Strömungen konzentriert werden.
Zu Beginn der romantischen Bewegung in Jena herrschen Hochstimmung und eine gleichsam religiöse Erwartungshaltung. Für die Romantiker des Jenaer Kreises hat die Wiedergeburt der Menschheit begonnen. Der Mensch wird der Messias der Natur (Novalis). Das Mysterium der Geschichte wird durch die Naturwissenschaften entschlüsselt, die Poesie ist ihr Medium. In einem Werk wollen Friedrich Schlegel und Novalis alle Ströme der Zeit zusammenfließen lassen.
Die Frühromantiker begrüßen die Französische Revolution, denn sie befreit den menschlichen Geist, der geistige Mensch wird Teil der Politik. „Der Historiker ist ein rückwärtsgewandter Poet" (F. Schlegel). In den Versuchen, die Trennung von Wirklichkeit und Poesie aufzuheben, sind die Romantiker ständigen Grenzgängen ausgesetzt. Dabei fehlt es ihnen nicht an Sinn für die Realität, sie sind nicht wirklichkeitsfremd, sondern stehen fest im Berufsleben.
Darin liegt vielleicht einer der Gründe, warum die Romantik auch in der Forschung unterschiedlich behandelt wird. Bewegt man sich nicht auf der Grenzlinie zwischen Realität und Irrealität, kommt man leicht in die Versuchung, lediglich die Irrealität, das Phantastische, Schwärmerische in der Romantik zu erkennen. Sieht man sich aber auf der Grenzlinie um, so kann man bemerken, dass die Epoche der modernen Welt wieder ein Ziel gesetzt hat: ein Zentrum bei aller Zersplitterung zu bewahren.
In einem noch radikaleren Sinn beginnt mit der Romantik erst die Moderne. Die Überwindung der Aufklärung mit ihren rein analytischen Tendenzen ist nur der erste Schritt; die Einsicht, dass neben der Außenwelt die Innenwelt einen gleichberechtigten Platz hat, führt zu einer ganzheitlichen Sicht auf den Menschen. Die Entdeckung des Unbewussten ist die große Leistung der Epoche.

Die vorliegenden Materialien verfolgen das Anliegen, Ihnen die abstrakte, gefühlsbetonte Epoche auch sinnlich vor Augen zu führen. Deshalb beginnt das **1. Kapitel, „Das Weltbild der Romantiker"**, mit einer ausführlichen Bildanalyse zweier Werke von Caspar David Friedrich und versucht, Hauptmerkmale der romantischen Weltauffassung in den Blickpunkt zu rücken.
Im **2. Kapitel, „Grundmotive in romantischen Gedichten"**, geht es weniger um analytische Verfahren der Gedichtinterpretation als darum, Grundstimmungen der Romantik in Beispielen aus der Lyrik einzufangen. Im Vergleich mit motivgleichen Texten anderer Epochen werden Bezüge und Eigenarten deutlich.
Die Romantik offenbart einen Prozess im Inneren. Nicht der Fluss, sondern die Geschichte, die er kennt, nicht der Wald und das Gebirge, sondern die ihnen innewohnenden Kräfte sind gemeint. Sie will das **3. Kapitel, „Motive romantischer Landschaft"**, offen legen. In der Ruine schlummert die Zauberformel, die einmal getroffen und gelöst werden muss, der romantische Garten zeigt das Wesen der Natur.
Kapitel 4, „Die romantische Bewegung", legt den Schwerpunkt auf die Jenaer Romantik, von der die romantische Bewegung ausgeht. Die Jugendzeit der Romantik hat auch mit der Jugend ihrer Vertreter und mit deren Geselligkeit zu tun, die Abgren-

zung von der Klassik auch mit der räumlichen Nähe zu Weimar. Die Heidelberger Romantik ist unreflektierter, lebensnäher, kraftvoller, volksorientierter, spontaner und nationaler.
Der radikale Schnitt mit der Harmonie wird im **5. Kapitel, „Die Entdeckung des Unbewussten“**, deutlich. Der Traum, die Nachtseiten des Menschen sind Thema in den Werken der Spätromantik, vor allem bei E. T. A. Hoffmann. Erst danach ist der Weg in die Moderne frei; Harmonie und Disharmonie haben ihre gleichberechtigten Plätze gefunden.
Das **6. Kapitel, „Reisen zum Ich“** lädt Sie ein, den Weg von der äußeren Reise zur inneren Reise nach- und vielleicht auch mitzuvollziehen. Die Technik verändert die Welt und führt auch zu einer veränderten Sehweise – dem panoramatischen Sehen. Die Industrialisierung des Sehens (Schivelbusch) hat eingesetzt. So werden auch die Verkehrsmittel in der bildenden Kunst in ihrem Verhältnis zur Umgebung verändert dargestellt. Dieser Exkurs zeigt, dass die Suche nach der blauen Blume in einer radikal sich ändernden Umwelt stattfindet. Die Antwort der Romantiker auf die Frage „Wer kennt die Welt?“ lautet: „Der sich selbst kennt“.
„Über die Grenzen hinaus“ sollen im **7. Kapitel** wenigstens kurz die englische und die französische Romantik sowie die „Utopie Europa“ ins Blickfeld gerückt werden.
Abschließend werden im **8. Kapitel, „Zeitsplitter“**, Bausteine für einen Lesesalon bereitgestellt, um in einer Präsentation Ideen und Gestalten der Romantik wieder aufleben zu lassen.

Die diesem Heft zugrundeliegende Romantikauffassung beruht auf einer Vorlesung von Prof. Wilhelm Emrich an der Freien Universität Berlin 1965 und deren Wiederbelebung in der Entwicklung einer Unterrichtskonzeption im Jahr 2000/2001 in einem Fachseminar Deutsch in Berlin. Viele Anregungen und Umsetzungen von Gedanken in konkrete Unterrichtsstunden entstanden dort in intensiven Diskussionen. Dafür sei an dieser Stelle allen Beteiligten gedankt.

Wer da fliegen kann, nimmt Flügel

1 Das Weltbild der Romantiker

Aurorens Kanarienvogel (weißer Pergamentschnitt mit plastischen Nadel- und Messerstichelungen belebt, wahrscheinlich deutsch, um 1800)

Suchen Sie in dem Bild Elemente, die Ihrer Vorstellung nach romantisch sind.

1.1 Der Blick auf das Jenseits

Caspar David Friedrich: Der Mönch am Meer (1808–10)

„Schließe dein leibliches Auge, damit du mit dem geistigen Auge zuerst siehest dein Bild. Dann fördere zutage, was du im Dunkeln gesehen, dass es zurückwirke auf andere von außen nach innen."

„Der Maler soll nicht bloß malen, was er vor sich sieht, sondern auch, was er in sich sieht. Sieht er aber nichts in sich, so unterlasse er auch zu malen, was er vor sich sieht."
(Caspar David Friedrich)

Untersuchungsaspekte bei der Bildanalyse:
- Bildausschnitt
- Bildelemente
- Bildaufteilung
- Vorder- und Hintergrund
- Horizontale und vertikale Linien
- Größenverhältnisse
- Perspektive
- Farbgebung
- Licht und Schatten

1 Versetzen Sie sich in die Gestalt des Kapuzinermönchs und notieren Sie Stichworte, die wiedergeben, was die Figur denken oder fühlen könnte.

2 Beschreiben Sie das Verhältnis von Mensch und Natur im Bild von C. D. Friedrich.
Nehmen Sie bei der Analyse Bezug auf:
- die horizontale Gliederung des Bildes,
- die Stellung des Menschen zwischen Himmel und Erde und die Größenverhältnisse,
- die Wetterlage und Bewegung,
- die Farbgebung und die Bedeutung des Lichts.

Beachten Sie auch den Text in der Randspalte.

3 Setzen Sie den zeitgenössischen Ausspruch einer Ausstellungsbesucherin: „Aber es gibt ja nichts zu sehen!" in Bezug zu C. D. Friedrichs Aussagen.

Caspar David Friedrich: Abtei im Eichwald (1809–10)

1 Vergleichen Sie die beiden Bilder und nennen Sie mögliche Gründe dafür, dass sie in der Berliner Ausstellung 1810 untereinander aufgehängt wurden (oberes Bild der Mönch, darunter die Abtei). Beziehen Sie in Ihre Überlegungen mit ein:
- den Symbolgehalt der dargestellten Gegenstände im Bild „Abtei im Eichwald“,
- die Bemerkung des Kunsthistorikers Börsch-Supan, dass der Mönch am Meer möglicherweise auf dem Friedhof der Abtei zu Grabe getragen werde.

2 Notieren Sie einige Begriffe, die Sie jetzt schon für zentrale Begriffe der Romantik halten.

Heinrich von Kleist: Empfindungen vor Friedrichs Seelandschaft (1810)

Herrlich ist es, in einer unendlichen Einsamkeit am Meeresufer, unter trübem Himmel, auf eine unbegrenzte Wasserwüste hinauszuschauen. Dazu gehört gleichwohl, dass man dahingegangen sei, dass man zurück muss, dass man hinüber möchte, dass man es nicht kann, dass man alles zum Leben vermisst und die Stimme des Lebens dennoch im Rauschen der Flut, im Wehen der Luft, im Ziehen der Wolken, dem einsamen Geschrei der Vögel, vernimmt. Dazu gehört ein Anspruch, den das Herz macht, und ein Abbruch, um mich so auszudrücken, den einem die Natur tut. Dies aber ist vor dem Bilde unmöglich, und das, was ich in dem Bilde selbst finden sollte, fand ich erst zwischen mir und dem Bilde, nämlich einen Anspruch, den das Herz an das Bild machte, und einen Abbruch, den mir das Bild tat; und so ward ich selbst der Kapuziner, das Bild ward die Düne, das aber wo hinaus ich mit Sehnsucht blicken sollte, die See, fehlte ganz. Nichts kann trauriger und unbehaglicher sein als diese Stellung in der Welt: der einzige Lebensfunke im weiten Reiche des Todes, der einsame Mittelpunkt im einsamen Kreis. Das Bild liegt mit seinen zwei oder drei geheimnisvollen Gegenständen wie die Apokalypse da [...] und da es, in seiner Einförmigkeit und Uferlosigkeit, nichts als den Rahmen zum Vordergrund hat, so ist es, wenn man es betrachtet, als ob einem die Augenlider weggeschnitten wären.

aus: Berliner Abendblätter. Herausgegeben von Heinrich von Kleist, 12. Blatt, Den 13ten October 1810, S. 47f., Cotta, Stuttgart 1959, Fotomechanischer Nachdruck der Faksimileausgabe Leipzig 1925

1 „... als ob einem die Augenlider weggeschnitten wären." – Erklären Sie Kleists Vergleich.

2 Können Sie den Eindruck, den Kleist von dem Bild hat, nachvollziehen?

Ludwig Achim von Arnim und Clemens Brentano: Verschiedene Empfindungen vor einer Seelandschaft von Friedrich (1806)

Eine Dame und ein Herr, welcher vielleicht sehr geistreich war, traten auf, die Dame sah in ihr Verzeichnis und sprach:
Nummer zwei: Landschaft in Öl. Wie gefällt sie Ihnen?

Herr Unendlich tief und erhaben.

Dame Sie meinen die See, ja die muss erstaunlich tief sein, und der Kapuziner ist auch sehr erhaben.

Herr Nein, Frau Kriegsrat, ich meine die Empfindung des einzigen Friedrichs bei diesem Bilde.

Dame Ist es schon so alt, dass er es auch gesehen?

Herr Ach, Sie missverstehen mich, ich rede von dem Maler Friedrich, Ossian schlägt vor diesem Bilde in die Harfe. *Ab.*

11 Ossian: irischer mythologischer Held, der von Dichtern in düstere Natur- und Landschaftsdichtungen hineingestellt wird

Zwei junge Damen.

Erste Dame Hast du gehört, Louise? Das ist Ossian.

Zweite Dame Ach nein, du missverstehst ihn, es ist der Ozean.

Erste Dame Er sagte aber, er schlüge in die Harfe.

Zweite Dame Ich sehe aber keine Harfe. Es ist doch recht graulich anzusehen. *Ab.*

Zwei Kunstverständige.

Erster Jawohl, graulich, es ist alles ganz grau, weil er nur solche trockene Dinge malen will.

Zweiter Sie wollen lieber sagen, wie er so nasse Dinge so trocken malen will.

Erster Er wird es wohl so gut malen, als er kann. *Ab.*

Eine Erzieherin mit zwei Demoiselles.

27 Demoiselle: Fräulein

Erzieherin Dies ist die See bei Rügen.

Erste Demoiselle Wo Kosegarten wohnt.

Zweite Demoiselle Wo die Kolonialwaren herkommen.

Erzieherin Warum er nur so trübe Luft gemalt. Wie schön, wenn er im Vordergrund einige Bernsteinfischer gemalt hätte.

Erste Demoiselle Ach ja, ich möchte mir selbst einmal eine schöne Schnur Bernstein zusammenfischen. *Ab.*

Eine junge Frau mit zwei blonden Kindern und ein paar Herrn.

Herr Herrlich, herrlich, dieser Mann ist doch der einzige, der in seinen Landschaften ein Gemüt ausdrückt, es ist eine große Individualität in diesem Bilde, die hohe Wahrheit, die Einsamkeit, der trübe schwermutsvolle Himmel, er weiß doch, was er malt.

Zweiter Herr Und malt auch, was er weiß, und fühlt es, und denkt es, und malt es.

Erstes Kind Was ist denn das?

Erster Herr Das ist die See, mein Kind, und ein Kapuziner, der daran spazieren geht und traurig ist, dass er keinen so artigen Jungen hat, wie du.

Zweites Kind Warum tanzt denn der Kapuziner nicht vorn herum, warum wackelt er nicht mit dem Kopfe wie im Schattenspiel? Das wäre doch schöner.

Erstes Kind Es ist wohl so ein Kapuziner, der das Wetter anzeigt, wie der vor unserm Fenster?

Zweiter Herr Nicht ein solcher, mein Kind, aber auch er zeigt das Wetter an, er ist die Einheit in der Allheit, der einsame Mittelpunkt in dem einsamen Kreis.

Erster Herr Ja, er ist das Gemüt, das Herz, die Reflexion des ganzen Bildes in sich und über sich.

aus: Hans Egon Haas (Hrsg.): Die Deutsche Literatur, Band V/2, C.H.Beck, München 1967, S. 1471 f.

1 Lesen Sie die Dialoge mit verteilten Rollen vor der Gruppe vor.
2 Was sagen sie über die Betrachter und deren Bildverständnis aus?

1.2 Der Mensch im Kreislauf des Tages

Joseph von Eichendorff: Der Morgen (1815/1826)

Fliegt der erste Morgenstrahl
Durch das stille Nebeltal,
Rauscht erwachend Wald und Hügel:
Wer da fliegen kann, nimmt Flügel!

Und sein Hütlein in die Luft
Wirft der Mensch vor Lust und ruft:
Hat Gesang doch auch noch Schwingen,
Nun, so will ich fröhlich singen!

Hinaus, o Mensch, weit in die Welt,
Bangt dir das Herz in krankem Mut;
Nichts ist so trüb in Nacht gestellt,
Der Morgen leicht machts wieder gut.

aus: Manfred Häckel: Eichendorff. Volksverlag, Weimar 1955, S. 168

Joseph von Eichendorff: Mittagsruh (1837)

Über Bergen, Fluss und Talen.
Stiller Lust und tiefen Qualen
Webet heimlich, schillert, Strahlen!
Sinnend ruht des Tags Gewühle
In der dunkelblauen Schwüle,
Und die ewigen Gefühle,
Was dir selber unbewusst.
Treten heimlich, groß und leise
Aus der Wirrung fester Gleise,
Aus der unbewachten Brust,
In die stillen, weiten Kreise.

aus: Wilhelm von Scholz (Hrsg.): Von Wald und Welt. Leipzig 1911, S. 20

Joseph Karl Benedikt Freiherr von Eichendorff, der einer katholischen Adelsfamilie entstammte, wurde 1788 im Schloss Lubowitz bei Ratibor/ Oberschlesien geboren. Er studierte Jura in Halle und Heidelberg, hier lernte er Achim von Arnim sowie Clemens Brentano und ihre Werke kennen. Insbesondere die Sagen, Volkslieder, Märchen haben Eichendorff nachhaltig geprägt. Eichendorff war sich unschlüssig, ob er Jurist oder Schriftsteller werden wollte. Heinrich von Loeben, den der 20jährige Eichendorff 1808 in Heidelberg kennen gelernt hatte, gab die erste Sammlung seiner Gedichte heraus. Da seine Familie zunehmend verarmte, musste Eichendorff 1817 eine Stelle als Referendar annehmen und wurde später Abteilungsleiter für das katholische Schulwesen im Kultusministerium von Berlin. Diese Arbeit befriedigte ihn allerdings kaum. Sein volkstümliches, lyrisches Werk wurde zum Inbegriff romantischer Liedkunst. In seiner Novelle „Aus dem Leben eines Taugenichts" (1826), geht es um einen armen Müllerssohn, der sich den Zwängen der Welt widersetzt und auf der Suche nach sich selbst der Liebe begegnet – ein Märchen, das den damaligen Leser verzauberte.

Joseph von Eichendorff: Der Abend (1826)

Schweigt der Menschen laute Lust:
Rauscht die Erde wie in Träumen
Wunderbar mit allen Bäumen,
Was dem Herzen kaum bewusst,
Alte Zeiten, linde Trauer,
Und es schweifen leise Schauer
Wetterleuchtend durch die Brust.

aus: Echtermeyer. Deutsche Gedichte. Von den Anfängen bis zur Gegenwart. Neugestaltet von Benno von Wiese. August Bagel Verlag, Düsseldorf 1962, S. 376

Joseph von Eichendorff: Nachts (1824)

Ich wandre durch die stille Nacht,
da schleicht der Mond so heimlich sacht
Oft aus der dunklen Wolkenhülle,
und hin und her im Tal
Erwacht die Nachtigall,
dann wieder alles grau und stille.

O wunderbarer Nachtgesang:
Von im fern im Land der Ströme Gang,
Leis Schauern in den dunklen Bäumen –
Wirrst die Gedanken mir,
Mein irres Singen hier
Ist wie ein Rufen nur aus Träumen.

aus: Häckel, Eichendorff, a. a. O., S. 163

1. Unterstreichen Sie in den Gedichten die zentralen Begriffe, die die Tageszeiten charakterisieren.
2. Benennen Sie die sprachlichen Mittel, in denen die Stimmung der jeweiligen Tageszeit ausgedrückt wird. Achten Sie auch auf klangliche Mittel wie die Verwendung von Vokalen.
3. Formulieren Sie Ihre eigenen Gedanken zum Ablauf des Tages und setzen Sie diese in Beziehung zu den in den Gedichten geäußerten Gefühlen und Eindrücken.
4. Stellen Sie Bezüge zwischen dem Tageskreislauf und dem Ablauf des Lebens her.

Informieren Sie sich über die Lebensläufe von Gryphius und Hesse im Internet (zum Beispiel unter http://gutenberg.spiegel.de/autoren/).

Andreas Gryphius: Abend

Der schnelle Tag ist hin, die Nacht schwingt ihre Fahn
Und führt die Sternen auf. Der Menschen müde Scharen
Verlassen Feld und Werk; wo Tier und Vögel waren,
Traurt itzt die Einsamkeit: Wie ist die Zeit vertan!

Der Port naht mehr und mehr sich zu der Glieder Kahn.
Gleich wie dies Licht verfiel, so wird in wenig Jahren
Ich, du, und was man hat und was man sieht, hinfahren.
Dies Leben kommt mir vor als eine Rennebahn.

Lass, höchster Gott, mich doch nicht auf dem Laufplatz gleiten!
Lass mich nicht Ach, nicht Pracht, nicht Lust, nicht Angst verleiten!
Dein ewig heller Glanz sei vor und neben mir!

Lass, wenn der müde Leib entschläft, die Seele wachen,
Und wenn der letzte Tag wird mit mir Abend machen,
So reiß mich aus dem Tal der Finsternis zu Dir!

aus: Echtermeyer, a.a.O., S. 110

Hermann Hesse: Beim Schlafengehen (1947)

Nun der Tag mich müd gemacht,
soll mein sehnliches Verlangen
freundlich die gestirnte Nacht
wie ein müdes Kind empfangen.

Hände, lasst von allem Tun,
Stirn, vergiss du alles Denken;
alle meine Sinne nun
wollen sich in Schlummer senken.

Und die Seele, unbewacht,
will in freien Flügeln schweben,
um im Zauberkreis der Nacht
tief und tausendfach zu leben.

aus: Hermann Hesse: Gesammelte Werke in 12 Bänden. Band I, Suhrkamp, Frankfurt am Main, 1987, S. 49

1 Vergleichen Sie die Darstellung des Abends in dem Gedicht des barocken Dichters Gryphius (1616–1664) mit der Darstellung bei Eichendorff.
2 Arbeiten Sie den Unterschied zwischen Tages- und Nachtempfindung im Gedicht von Hesse (1877–1962) heraus.
3 Inwiefern ist Hesses Auffassung der von Eichendorff vergleichbar?

Hören Sie sich die Vertonung von Hermann Hesses Gedicht „Beim Schlafengehen" durch Richard Strauss in den unterschiedlichen Interpretationen von Kiri te Kanawa und Jessye Norman an. Vergleichen Sie die beiden Interpretationen.

1.3 Wohin Gedanken fliehen

Caspar David Friedrich: Auf dem Segler (1819)

1 Beschreiben Sie, wohin das Paar fährt. Achten Sie dabei insbesondere auf die dargestellte Architektur, die Farbgebung und die dadurch erreichte metaphorische Wirkung.
2 Charakterisieren Sie die Beziehung des Paares und begründen Sie diese anhand bildgestalterischer Mittel.
3 Mit welchen künstlerischen Stilmitteln wird der Eindruck erreicht, dass das Paar mit Zuversicht und Glück auf das Ufer zufährt?

Carl Gustav Carus: Kahnfahrt auf der Elbe (1827)

1 Carl Gustav Carus, der Schüler von Caspar David Friedrich war, bezog sich in seinem Bild „Kahnfahrt auf der Elbe" auf das Gemälde von Friedrich. Nennen Sie die Unterschiede in seiner Darstellung in Bezug auf das Ziel, die Darstellung des Paares und des Schiffes.
2 Worin besteht der Unterschied in der Wirkung auf den Betrachter? Beachten Sie auch die Titel der Gemälde.

Achim von Arnim

Achim von Arnim: Stolze Einsamkeit (1813)

Im Walde, im Walde, da wird mir so licht,
Wenn es in aller Welt dunkel,
Da liegen die trocknen Blätter so dicht,
Da wälz' ich mich rauschend darunter,
Da mein' ich zu schwimmen in rauschender Flut,

Das tut mir in allen Adern so gut,
So gut ist's mir nimmer geworden.

Im Walde, im Walde, da wechselt das Wild,
Wenn es in aller Welt stille,
Da trag' ich ein flammendes Herz mir zum Schild,
Ein Schwert ist mein einsamer Wille,
Da steig' ich, als stieß' ich die Erde in Grund,
Da sing' ich mich recht von Herzen gesund,
So wohl ist mir nimmer geworden.

Im Walde, im Walde, da schrei' ich mich aus,
Weil ich vor aller Welt schweige,
Da bin ich so frei, da bin ich zu Haus.
Was schadt's, wenn ich töricht mich zeige,
Ich stehe allein, wie ein festes Schloss,
Ich stehe in mir, ich fühle mich groß,
So groß als noch keiner geworden.

Im Walde, im Walde, da kommt mir die Nacht,
Wenn es in aller Welt funkelt,
Da nahet sie mir so ernst und so sacht,
Dass ich in den Schoß ihr gesunken,
Da löschet sie aller Tage Schuld,
Mit ihrem Atem voll Tod und voll Huld,
Da sterb' ich und werde geboren.

Achim von Arnim, 1781 in Berlin geboren, lernte 20jährig Clemens Brentano kennen. Zeitlebens waren sie gut befreundet, auch weil Achim von Arnim 1811 Brentanos Schwester Bettina heiratete. Von 1814 bis zu seinem Tod 1831 lebte Achim von Arnim auf seinem Landsitz Wiepersdorf bei Berlin. Durch die Volksliedsammlung „Des Knaben Wunderhorn", die er zusammen mit Brentano veröffentlichte, wurde die Volkspoesie wiederentdeckt. In alten Gesangbüchern, Chroniken und Anthologien suchten die Schriftsteller Volkslieder, die sie sprachlich bearbeiteten und dem zeitgenössischen Geschmack anpassten. Diese Sammlung hatte beim Leser großen Erfolg. Achim von Arnim schrieb unter anderem fantasievolle Prosa mit grotesken und gespensterhaften Gestaltungselementen, die an Märchen erinnern („Die Kronenwächter", 1817; „Isabella von Ägypten, Kaiser Karl des Fünften Jugendliebe", 1812).

aus: Gedichte von Achim von Arnim. 2. Teil, herausgegeben von Alfred Anger und Herbert R. Liedke, Max Niemeyer Verlag, Tübingen 1976, S.11

1 Wohin flieht das lyrische Ich in von Arnims Gedicht?
2 Äußern Sie mögliche Gründe für die Flucht.
3 Beschreiben sie das Verhältnis von Natur und Mensch, das im Gedicht zum Ausdruck kommt.
4 Kennzeichnen sie die im Gedicht vorkommenden Wiederholungen und überlegen Sie, welche Wirkung sie auf den Leser ausüben.
5 Zählen Sie, wie oft das lyrische Ich im Text benannt wird. Ziehen Sie hieraus Schlüsse auf den Gemütszustand des lyrischen Ichs.

Joseph von Eichendorff: Abschied (1810)

O Täler weit, o Höhen,
O schöner grüner Wald,
Du meiner Lust und Wehen
Andächt'ger Aufenthalt!
Da draußen, stets betrogen,
Saust die geschäft'ge Welt,
Schlag' noch einmal die Bogen
Um mich, du grünes Zelt!

Wenn es beginnt zu tagen,
Die Erde dampft und blinkt,
Die Vögel lustig schlagen,
Daß dir dein Herz erklingt:
Da mag vergehn, verwehen
Das trübe Erdenleid,
Da sollst du auferstehen,
In junger Herrlichkeit!

Da steht im Wald geschrieben,
Ein stilles, ernstes Wort
Von rechtem Tun und Lieben,
Und was des Menschen Hort.
Ich habe treu gelesen
Die Worte schlicht und wahr,
Und durch mein ganzes Wesen
Ward's unaussprechlich klar.

Bald werd' ich dich verlassen,
Fremd in der Fremde geh'n,
Auf buntbewegten Gassen
Des Lebens Schauspiel sehn;
Und mitten in dem Leben
Wird deines Ernst's Gewalt
Mich Einsamen erheben,
So wird mein Herz nicht alt.

aus: Echtermeyer, a.a.O., S. 369 f.

Die Klassik hatte antike Themen aufgegriffen, die Romantik wandte sich stark zum Mittelalter hin. Clemens von Brentano und Achim von Arnim haben die Volksliedersammlung „Des Knaben Wunderhorn" (1806–1808) herausgegeben. Damit sollte die Volksdichtung wiederbelebt werden.

1 Unterstreichen Sie mit unterschiedlichen Farben, was in dem Gedicht über
- die reale Welt,
- die Natur,
- die religiöse Auffassung gesagt wird.

2 Erstellen Sie eine Mindmap mit den Schlüsselbegriffen.
3 Versuchen Sie, daraus eine Gesamtaussage des Gedichts zu formulieren.

Referat: Die Liedersammlung „Des Knaben Wunderhorn"

Otto Heinrich Graf von Loeben: Das Mittelalter (1810)

Es träumte mir, ein Greis mit Silberhaaren
Entführte mich auf eines Schlosses Zinnen;
Mit Wonne noch bewegt es meine Sinnen,
Wie mir geschah, als wir da oben waren.

Ich sah die Schiff' und Wimpel unten fahren,
Durch offne Gauen edle Ströme rinnen;
Ich sah den Wäldern Jägernetz' entspinnen,
Ich sah am Quell die Hirsche bei den Aaren.

Viel' Städte schaut' ich, hoch' und niedre Türme,
Den Blick umfing ein stolzes Wohlbehagen
Bei diesen Märkten, Straßen, Gärten, Toren.

Mit einmal tönt' es hohl, als ob man stürme;
Der Greis verschwand, ich hört' ihn nur noch sagen:
„Dies war das Paradies, das ihr verloren."

9 Aar: Adler

aus: Otto Heinrich Graf von Loeben: Gedichte. Herausgegeben von Raimund Pissin, in: Deutsche Literaturdenkmale des 18. und 19. Jahrhunderts, Band 23, 3.Folge, Nr. 15, Berlin 1904, S. 87

Titel der Originalausgabe 1806

1 Suchen Sie Elemente des Mittelalters heraus, die im Gedicht genannt werden.
2 Worin gründet die romantische Sehnsucht nach dem Mittelalter?
3 Erklären Sie, was der im Gedicht auftauchende Greis verkörpert.

Referat: Deutsche Geschichte 1804–1815

Einsam will ich untergehen

2 Grundmotive romantischer Lyrik

Philipp Otto Runge: Hund, der den Mond anbellt (um 1805, weißer Scherenschnitt auf dunkelblauem Papier)

Das Bild bietet einen Einstieg in die Gefühlswelt der Romantik. Beschreiben Sie Ihre Gefühle beim Betrachten des Scherenschnitts.

Im vorangegangenen Kapitel wurde eine Einführung in das Weltbild der Romantik gegeben. Besonders deutlich wird in den Gemälden C.D Friedrichs der Blick in eine Welt jenseits der abgebildeten Wirklichkeit, in der der Maler die eigentliche Heimat des Menschen vermutet.
Das folgende Kapitel soll Ihnen zur Einstimmung in die subjektive Gedankenwelt romantischer Dichter dienen. Deren Gefühle sind zwar individuell, in den Texten kommt aber ein kollektives Lebensgefühl zum Vorschein. Die Texte bewegen sich im Rahmen der Motive Himmel, Erde, Gott , Tod, Sehnsucht, Vergangenheit, Einsamkeit, Heimat, Nacht und Traum.

2.1 Der Mensch zwischen Himmel und Erde

Ludwig Uhland: Die Kapelle (1805)

Droben stehet die Kapelle,
Schauet still ins Tal hinab,
Drunten singt bei Wies und Quelle
Froh und hell der Hirtenknab.

Traurig tönt das Glöcklein nieder,
Schauerlich der Leichenchor;
Stille sind die frohen Lieder,
Und der Knabe lauscht empor.

Droben bringt man sie zu Grabe,
Die sich freuten in dem Tal;
Hirtenknabe, Hirtenknabe!
Dir auch singt man dort einmal.

aus: Uhlands Gedichte und Dramen. J.G.Cotta´sche Buchhandlung, Stuttgart 1815, S. 11

Ludwig Uhland (Fotografie von 1861)

Der 1787 in Tübingen geborene **Ludwig Uhland** blieb bis zu Beginn des 20. Jahrhunderts der neben Goethe und Schiller meistgelesene Lyriker Deutschlands. Bis zu seinem Tod erlebten seine Gedichte über 50 Auflagen. Thematisch blieb er mit seinen Texten, wie auch seinem politischen und wissenschaftlichen Arbeiten, der Heimat Schwaben verbunden. Seine Gedichte behandeln altdeutsche und volkskundliche Themen. Als Sekretär im Justizministerium und Rechtsanwalt war er politisch engagiert und seine Gedichte waren teilweise Übertragungen der Welt des Mittelalters auf die Freiheitsideale seiner Zeit. Uhland wurde nicht in den Staatsdienst übernommen, weil er es ablehnte, den Eid auf den König zu schwören, der 1805 widerrechtlich den Landtag aufgelöst hatte. Ab 1829 wurde er Professor für deutsche Sprache und Literatur in Tübingen. Nachdem er seine Professur 1839 niedergelegt hatte, wirkte er als Privatgelehrter bis zu seinem Tod im Jahr 1862. Das Foto ist ein Beispiel frühester Fotografie in Deutschland und bildet ihn im Jahr 1861 in biedermeierlicher Beschaulichkeit ab.

Uhlands berühmtes Gedicht **„Die Kapelle"** zeigt die romantischen Wurzeln des Autors. Es bezieht sich auf die Kapelle in Wurmlingen bei Tübingen, die noch heute Ausflugs- und Wallfahrtsort ist.

Die Wurmlinger Kapelle

Novalis (Friedrich von Hardenberg): Sehnsucht nach dem Tode (1800)

Hinunter in der Erde Schoß,
Weg aus des Lichtes Reichen!
Der Schmerzen Wut und wilder Stoß
Ist froher Abfahrt Zeichen.
Wir kommen in dem engen Kahn
Geschwind am Himmelsufer an.

Gelobt sei uns die ewge Nacht,
Gelobt der ewge Schlummer!
Wohl hat der Tag uns warm gemacht,
Und welk der lange Kummer.
Die Lust der Fremde ging uns aus,
Zum Vater wollen wir nach Haus.

Was hält noch unsre Rückkehr auf,
Die Liebsten ruhn schon lange.
Ihr Grab schließt unsern Lebenslauf,
Nun wird uns weh und bange.
Zu suchen haben wir nichts mehr
Das Herz ist satt, die Welt ist leer.

Unendlich und geheimnisvoll
Durchströmt uns süßer Schauer;
Mir däucht, aus tiefen Fernen scholl
Das Echo unsrer Trauer.
Die Lieben sehnen sich wohl auch,
Und sandten uns der Sehnsucht Hauch.

Hinunter zu der süßen Braut,
Zu Jesus, dem Geliebten!
Getrost! die Abenddämmerung graut
Den Liebenden, Betrübten.
Ein Traum bricht unsre Banden los,
Und senkt uns in des Vaters Schoß.

aus: Novalis: Schriften. Die Werke Friedrich von Hardenbergs. Herausgegeben von P. Kluckhohn und R. Samuel. Band I, Wissenschaftliche Buchgesellschaft, Darmstadt 1960, S. 152

Friedrich von Hardenberg

Friedrich von Hardenberg kam als zweites Kind des Gutsbesitzers Heinrich Ulrich von Hardenberg und seiner Frau Auguste 1772 zur Welt. Nach dem Besuch des Luthergymnasiums begann er philosophische und historische Vorlesungen in Jena zu hören und studierte ab 1790 Rechtswissenschaften. Während der Studienjahre lernte er Schriftsteller und Repräsentanten des geistigen Lebens kennen wie Christoph Martin Wieland, Friedrich Schiller und Friedrich Schlegel. 1795 verlobte er sich mit Sophie von Kühn. Parallel zur Ausübung seines Berufes begegnete er Schriftstellern und Philosophen des Jenaer Kreises der Frühromantik wie Fichte, Schlegel, Schelling und Tieck. Durch den Tod seiner geliebten Braut Sophie schien ihm die Verwirklichung seines irdischen Glückes verwehrt und er wandte sich der Poesie zu. Bis zu seinem Tod 1801 arbeitete Novalis, so sein Pseudonym, wie besessen an seinen Werken, den „Hymnen an die Nacht", den „Geistlichen Liedern", der Abhandlung „Die Christenheit oder Europa" sowie dem Romanfragment „Heinrich von Ofterdingen".

Clemens Brentano: Einsam will ich untergehn (1817)

Einsam will ich untergehn,
Keiner soll mein Leiden wissen;
Wird der Stern, den ich gesehn,
Von dem Himmel mir gerissen,
Will ich einsam untergehn
Wie ein Pilger in der Wüste!

Einsam will ich untergehn
Wie ein Pilger in der Wüste!
Wenn der Stern, den ich gesehn,
Mich zum letzten Male grüßte,
Will ich einsam untergehn
Wie ein Bettler auf der Heide!

Einsam will ich untergehn
Wie ein Bettler auf der Heide!
Gibt der Stern, den ich gesehen,

Clemens Brentano

Mir nicht weiter das Geleite,
Will ich einsam untergehn,
Wie der Tag im Abendgrauen!

Einsam will ich untergehn
Wie der Tag im Abendgrauen!
Will der Stern, den ich gesehn,
Nicht mehr auf mich niederschauen,
Will ich einsam untergehn,
Wie ein Sklave an der Kette!

Einsam will ich untergehn
Wie ein Sklave an der Kette!
Scheint der Stern, den ich gesehn,
Nicht mehr auf mein Dornenbette,
Will ich einsam untergehn
Wie ein Schwanenlied im Tode!

aus: Echtermeyer, a.a.O., S. 357

Clemens Brentano gehört zu den herausragenden Vertretern der Romantik. Der 1778 in Frankfurt geborene Kaufmannssohn, der bei seinem Vater zunächst im Geschäft arbeiten sollte, dann ohne Erfolg Medizin, Philosophie und Bergwissenschaften studierte, war zeitlebens eine zerrissene und innerlich angespannte Persönlichkeit. Nachdem er das Erbe seines Vaters angetreten hatte, konnte er dem Schreiben nachgehen. Schon als Student lernte er Wieland, Schelling, Tieck und Goethe kennen, ohne sich näher mit ihnen anzufreunden. 1801 traf er Achim von Arnim, der 1811 seine Schwester Bettina heiratete. In seiner Frühphase schuf Brentano Natur- und Liebeslyrik, später dann eher Texte mit volkskundlichem Hintergrund, zum Beispiel die Liedsammlung „Des Knaben Wunderhorn" mit Achim von Arnim. Nach dem Tod seiner Frau, der Schriftstellerin Sophie Mereau, und seiner drei Kinder verfasste er in seiner letzten Schaffensperiode religiöse Schriften. Bis zu seinem Tod 1842 lebte Brentano in München und verkehrte unter anderem in dem von Joseph Görres (1776–1848) gegründeten spätromantischen Zirkel.

Joseph von Eichendorff: Die Heimat.
An meinen Bruder

Denkst Du des Schlosses noch auf stiller Höh?
Das Horn ruft nächtlich dort, als ob's Dich riefe,
Am Abgrund grast das Reh,
Es rauscht der Wald verwirrend aus der Tiefe –
O stille! wecke nicht! es war, als schliefe
Da drunten unnennbares Weh. –

Kennst Du den Garten? – Wenn sich Lenz erneut,
Geht dort ein Fräulein auf den kühlen Gängen
Still durch die Einsamkeit
Und weckt den leisen Strom von Zauberklängen,
Als ob die Bäume und die Blumen sängen,
Von der alten schönen Zeit.

Ihr Wipfel und ihr Brunnen, rauscht nur zu!
Wohin Du auch in wilder Flucht magst dringen:
Du findest nirgends Ruh!
Erreichen wird Dich das geheime Singen,
In dieses Sees wunderbaren Ringen
Gehn wir doch unter, ich und Du! –

aus: Echtermeyer, a.a.O., S. 376

1 Versuchen Sie als Gruppe je einen der Texte chorisch vorzutragen. Achten Sie dabei darauf, dass die Grundstimmung erhalten bleibt.

2 Erkennen Sie Motive aus den im vorigen Kapitel behandelten Bildern wieder? Listen Sie diese auf und ordnen Sie sie in die Grafik innerhalb des Spannungsfeldes Himmel – Erde – Nacht/Traum – Sehnsucht ein.

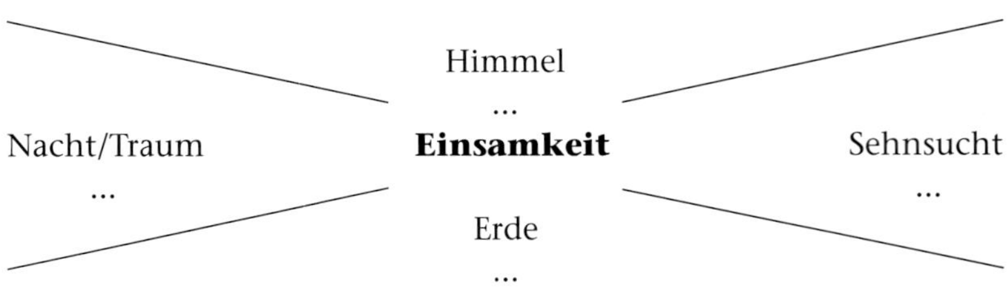

Joseph von Eichendorff: Mondnacht (1837)

Es war, als hätt' der Himmel
Die Erde still geküsst,
Dass sie im Blütenschimmer
Von ihm nun träumen müsst'.

Die Luft ging durch die Felder,
Die Ähren wogten sacht,
Es rauschten leis die Wälder,
So sternklar war die Nacht.

Und meine Seele spannte
Weit ihre Flügel aus,
Flog durch die stillen Lande,
Als flöge sie nach Haus.

aus: Echtermeyer, a.a.O., S. 374

1 Besorgen Sie sich eine Interpretation der Vertonung von Eichendorffs Gedicht durch Robert Schumann und hören Sie sich diese an. Achten Sie vorrangig auf die Stimmung der Musik und nicht auf den Text. Beschreiben Sie diese Stimmung.

2 Wie verändert sich die Musik im Verlauf des Liedes?
- Beziehen Sie die Dynamik von Lautstärke, Tempo, Harmonie/Disharmonie in Ihre Überlegungen mit ein.
- Gehen sie auch auf den Anfang und das Ende der Vertonung ein.

3 Beschreiben Sie das Verhältnis von Text und Musik.

4 Tragen Sie in die unten stehende Skizze ein, wie das lyrische Ich in der ersten Strophe die Begegnung von Himmel und Erde am Horizont wahrnimmt.

5 Zeichnen Sie anhand der zweiten Strophe den Standort des Beobachters ein. Schreiben Sie die Namen der Sinne, mit denen er die Natur wahrnimmt, darüber.

6 Skizzieren Sie anhand der dritten Strophe die „Bewegung" der Seele in einer Kurve, die Himmel, Erde und das Gefühl des Beobachters zusammenfasst.

7 Interpretieren Sie die Verwendung von Indikativ und Konjunktiv in dem Gedicht.

8 Ordnen Sie die Begriffe Harmonie, Traum und Sehnsucht den Strophen zu.

1. Strophe	2. Strophe	3. Strophe
	Himmel	

Modus:	Modus:	Modus:

Erde

9 Jetzt hören Sie die Vertonung noch einmal. Überprüfen Sie die Skizze.

Schon ein Blick von der Höhe,
ein Atemzug auf freien Bergen,
versetzt uns in eine andere, leichtere Welt

3 Die romantische Landschaft

Ludwig Richter: Elbüberfahrt am Schreckenstein (1837)

Versuchen Sie zu beschreiben, wie die Menschen im Boot die sie umgebende Landschaft jeweils wahrnehmen.

Die romantische Landschaft wird zur Interpretation der Welt. Ganz anders als die barocken Dichter, die Ruinen als Zeichen der Vergänglichkeit menschlicher Werke deuteten, oder z.B. der Klassiker Goethe, der auf den Spuren der klassischen Antike Ruinen begegnete und diese deutete, haben die Romantiker sich weit über die Deutung vorhandener Bauwerke hinausgewagt und Ruinen zum Schauplatz geheimnisvoller Kräfte und Symbole für das Verhältnis von Mensch und Natur gemacht.

Der Rhein als Grenze Deutschlands beschäftigte die Gemüter der Zeitgenossen sowohl historisch als auch politisch. Er war mit seinen Sagen und Mythen (vom Nibelungenhort, der in ihm versenkt worden sein soll – die Wiederentdeckung des Nibelungenliedes war ein wichtiges Thema der Epoche – bis zur von vielen Dichtern besungenen „Lorelei") darüber hinaus der Fluss, der nationale Identität in einem zerstückelten Deutschland stiftete.

Die Kräfte der Erde offenbarten sich im Inneren der Gebirge. Nicht deren äußere Erscheinung allein faszinierte die Dichter, sondern die Möglichkeit, durch Erfassen ihres Wesens der Natur nahe zu kommen. Den Bildern vom Inneren der Erde entsprechen die Bilder vom Inneren der Menschen – Geheimnisse sollen offenbart werden.

Der Park endlich wird als Abbild menschlicher Ordnungen gesehen. Eine neue Gartenkunst entsteht, die endlich die Natur wieder zu ihrem Recht kommen lässt. In romantischen Gartenanlagen wurden künstliche Ruinen angelegt, um die Menschen zu innerer Einkehr und besinnlichem Nachdenken zu bewegen.

1 Notieren Sie in die Tabelle Stichworte, die ihnen zu den folgenden vier Landschaftsmotiven einfallen:

Die Ruine	
Der Rhein	
Der Park	
Das Gebirge	

Das Heidelberger Schloss

Seitdem ist das Schloss Ruine, und nach Umfang und Lage wohl die großartigste und schönste an Reichthum der Architectur selbst jetzt noch kaum von einem neuern Schloß in Deutschland erreicht. Mit seinen Zinnen, Thürmen, Erkern, Altanen, mit seinen hohen Thoren und Standbildern, mit seinen Höfen und Brunnen, seinen Gebüschen und Baumgruppen ist es die Alhambra der Deutschen, nicht nur durch seine bauliche Pracht und malerische Lage, sondern auch durch die Fülle an geschichtlichen Lehren und Erinnerungen, welche an seinen epheuumrankten Trümmern haften. Der Gegensatz der ewig sich verjüngenden Natur gegenüber der Vergänglichkeit auch der stolzesten Werke menschlicher Hand, wirkt gerade hier unwiderstehlich auf jedes edle Gemüth mit wehmüthig poetischem Zauber.

Wo der wilde Sturm nun sauset,
Hat in seiner Majestät,
König Ruprecht einst gehauset,
den der Fürsten Kraft erhöht.

Sänger kamen hergegangen
Zu dem freien Königsmahl
Und die goldnen Becher klangen
In dem weiten Rittersaal.

Es zieht ein leises Klagen
Um dieses Hügels Rand
Das klingt wie alte Sagen
Vom lieben deutschen Land.

Es spricht in solchen Tönen
Sich Geister – Sehnsucht aus:
Die theuren Väter sehnen
sich nach dem alten Haus.

7 Altane: vom Erdboden gestützter balkonartiger Anbau

10 Alhambra: Sultanspalast der Nasriden in Granada; erbaut zur Zeit der Herrschaft der Mauren in Spanien

Ernst Fries: Westlicher Theil von der Ruine des Heidelberger Schlosses (1820, Lithographie)

Und wo zwei Engel kosen
Der Bundespforte Wacht
Zeigt uns von sieben Rosen
Ein Kranz, was sie gedacht.

Wie die granit'nen Säulen
Noch stehn aus Karl's Palast,
sah man die Herrscher weilen
bei kühler Brunnen-Rast.

Max von Schenkendorf (1814).

aus: Karl Bädecker: Rheinreise von Basel bis Düsseldorf. Bädeker, Koblenz 1849, Nachdruck in: Die bibliophilen Taschenbücher Nr.29, Harenberg Kommunikation, Dortmund, 1978, S. 81 f. (ursprüngliche Rechtschreibung)

Friedrich Schlegel: Rheinfahrt

Bei dem freundlichen Bonn fängt die eigentlich schöne Rheingegend an; eine reichgeschmückte breite Flur, die sich wie eine große Schlucht zwischen Hügeln und Bergen eine Tagesreise lang hinaufzieht bis an den Einfluss der Mosel bei Koblenz; von da bis St. Goar und Bingen wird das Tal immer enger, die Felsen schroffer und die Gegend wilder; und hier ist der Rhein am schönsten. Überall belebt durch die geschäftigen Ufer, immer neu durch die Windungen des Stroms und bedeutend verziert durch die kühnen, am Abhang hervorragenden Bruchstücke alter Burgen, scheint diese Gegend mehr ein in sich geschlossenes Gemälde und überlegtes Kunstwerk eines bildenden Geistes zu sein als einer Hervorbringung des Zufalls zu gleichen. Von der flachen Gegend hinaufwärts macht den Anfang unter den vielen Ruinen, welche den Rhein verherrlichen, der Godesberg; eine der schönsten, nicht wegen der Höhe und Kühnheit, wohl aber wegen der reichen Aussicht und anmutigen Lage. Der etwas ferner gegenüber erscheinende Drachenfels macht schon die Erwartung rege nach alle den wilden und seltsamen Felsburgen, die den Fluss aufwärts umgrenzen. – Man betrachtet solche Ruinen alter Burgen entweder nur mit einer oberflächlichen ästhetischen Fühlung, als den unentbehrlichen romantischen Hintergrund für allerlei beliebige moderne Gefühle, oder man sieht darin nur Raubschlösser, welche nach angeordnetem Landfrieden zerstört worden sind und zerstört werden mussten. [...] Schon ein Blick von der Höhe, ein Atemzug aus freien Bergen, versetzt uns wie in eine andere leichtere Welt, ist uns ein erquickendes Labsal, wo wir das Einerlei der Fläche vergessen und neuen Lebensmut einsaugen im Anblick des herrlichen Erdbodens vor uns. Aber wie ganz anders muss es erst sein, immer da zu wohnen und zu sein, wo wir jetzt einmal an seltenen Tagen mühsam hinaufsteigen, um doch auch einmal zu fühlen, wie einem zumute sein muss, der da lebt und in Freiheit atmet; immer die Erde vor sich zu sehen in ihrem reichen Schmuck, in allen Zeiten des Tages und des Jahrs, wo alles sich deutlicher und merkwürdiger zeigt, das Ziehen der Wolken, das Aufblühen des Frühlings, mondhelle Nacht, ja selbst Ungewitter und die weißen Felder des Winters. Für mich sind nur die Gegenden schön, welche man gewöhnlich rauh und wild nennt; denn nur diese sind erhaben, nur erhabene Gegenden können schön sein, nur diese erregen den Gedanken der Natur. [...] Wie das Rauschen des Waldes, das Brausen der Quelle uns ewig in dieselbe Schwermut versenkt, wie das einsame Geschrei wilder Vögel eine schmerzlich freudige Unruh und Begierde der Freiheit ausdrückt, so fühlen wir in dem Anblick der Felsen immer die Natur selbst; denn nur in den Denkmalen alter Naturzeiten, wenn Erinnerung und Geschichte in großen Zügen vor unser Auge tritt, tun wir einen Blick in die Tiefe dieses erhabenen Begriffs, der nicht beim Genuss der angenehmen Oberfläche schon hervortreten mag. Nichts aber vermag den Eindruck so zu verschönern und zu verstärken als die Spuren menschlicher Kühnheit an den Ruinen der Natur, kühne Burgen auf wilden Felsen – Denkmale der menschlichen Heldenzeit, sich anschließend an jene höheren aus den Heldenzeiten der Natur; die Quelle der Begeisterung scheint sich sichtbar vor unsern Augen zu ergießen, und der alte vaterländische Strom erscheint uns nun wie ein mächtiger Strom naturverkündender Dichtkunst.

aus: Haas, Die Deutsche Literatur, a.a.O., S.1859 f.

Otto Heinrich Graf von Loeben: Der Lurleyfels (1821)

Da wo der Mondschein blitzet
Um's höchste Felsgestein,
Das Zauberfräulein sitzet,
Und schauet auf den Rhein.

Es schauet herüber, hinüber,
Es schauet hinab, hinauf,
Die Schifflein ziehn vorüber,
Lieb' Knabe, sieh' nicht auf!

Sie singt dir hold zum Ohre,
Sie blickt dich töricht an,
Sie ist die schöne Lore,
Sie hat dir's angetan.

Sie schaut wohl nach dem Rheine,
Als schaute sie nach dir,
Glaub's nicht, dass sie dich meine,
Sieh' nicht, horch nicht nach ihr!

So blickt sie wohl nach allen
Mit ihrer Äuglein Glanz,
Lässt her die Locken wallen
Unter dem Perlenkranz.

Doch wogt in ihrem Blicke
Nur blauer Wellen Spiel,
Drum scheu die Wassertücke,
Denn Flut bleibt falsch und kühl.

aus: Otto Heinrich Graf von Loeben, a.a.O., S. 68

Die Loreley

Josef von Eichendorff: Dichter und ihre Gesellen

[...] „Er hat recht", sagte Fortunat, „was soll ein Garten, wenn er nicht ein Gedicht von ganz bestimmtem Klange ist! In diesem einförmigen Plätschern der Wasserkünste, in dieser geisterhaften Symmetrie der Laubwände und stummen Marmorbilder ist eine Wehmut, die einen wahnsinnig machen könnte."
Jetzt standen sie an dem Abhange des Berges, dessen obere Fläche das Schloss und der eigentliche Ziergarten einnahmen. Von der mit Efeu umrankten Felswand sah man hier plötzlich in tiefe Schluchten und Wiesenplätze hinab, wo in kühlen Schatten uralter Bäume Rehe und Damhirsche weideten, die scheu die Köpfe nach ihnen emporhoben und dann pfeilschnell im tieferen Dunkel verschwanden. – „Sehen Sie da", rief Fortunats Begleiter aus, „das Großartige und Kühne dieser Komposition [...]
Hier stand er plötzlich selber überrascht still. Sie waren in das Felsental hinabgestiegen und an einen einsamen Weiher gelangt, in dessen Mitte sich eine, wie es schien, unzugängliche Insel im frischen Schmuck des Morgentaues spiegelte. Spuren ehemaliger Gänge und Blumenplätze waren von hohem Grase und Unkraut überwachsen, fremde Blütengewächse schlangen sich an den Baumstämmen empor, nur einzelne hohe Blumen funkelten noch hier und da aus der bunten Verwilderung, in der unzählige Vögel sangen. „Das war sonst Victors Lieblingsplatz", sagte der Fremde nach einem Weilchen, „hier hat er den Namen seines ersten Liebchens in die Bäume geschnitten. Das Mädchen ist tot, der Nachen zu der Insel lange

Josef Freiherr von Eichendorffs „Dichter und ihre Gesellen":
In dem 1833 entstandenen Werk werden unterschiedliche Richtungen des Dichterlebens behandelt. Dabei werden die Dichterwelt und die Welt der Philister einander gegenübergestellt.
In einer Konstellation von vier Paaren wird vorgeführt, wie Ideal und Wirklichkeit zusammenstoßen. Die Hauptfigur der Dichtung ist Viktor, der durch seine Erlebnisse über die Dichtung zur religiösen Weltsicht gelangt.

aus: Haas, Die Deutsche Literatur, a.a.O., S.1828 f.

zertrümmert und versenkt, und Wipfel und Zweige, Unkraut und Blüten schlingen sich drüben verwildert durcheinander und können doch nicht in den Himmel wachsen."

Ludwig Tieck

Ludwig Tieck wurde 1773 in Berlin geboren und verlebte dort seine Kindheit und Schulzeit. Er studierte in Halle, Göttingen und Erlangen und kehrte mit 21 Jahren nach Berlin zurück, wo er für den Verleger Friedrich Nikolai Unterhaltungsliteratur mit aufklärerischer Tendenz verfasste. Seine Lebenseinstellung war skeptisch, aber auch gefühlvoll, sensibel und schwermütig. Die Freundschaft mit Wilhelm Heinrich Wackenroder bewirkte seine Hinwendung zur romantischen Kunstform. Nach dem Tod Wackenroders gab Tieck anonym die „Herzensergießungen eines kunstliebenden Klosterbruders" heraus. Tieck ging 1819 nach Dresden, wo er 1825 Dramaturg am Hoftheater wurde. 1841 Rückkehr nach Berlin. Der einst hochberühmte und von vielen besuchte Mann starb vereinsamt 1853 in seiner Geburtsstadt.
Tieck war einer der bekanntesten und meistgelesenen Dichter seiner Zeit. Zu seinen Leistungen zählen neben den Dichtungen die Übersetzungen der Werke Shakespeares, die er gemeinsam mit A.W. Schlegel verfasste.

Ludwig Tieck: Der Runenberg

So trieb ich mich um, bis ich an einem Morgen den Entschluss fasste, das Haus meiner Eltern auf immer zu verlassen. Ich hatte in einem Buche Nachrichten vom nächsten großen Gebirge gefunden, Abbildungen einiger Gegenden, und darnach richtete ich meinen Weg ein. Es war im ersten Frühlinge und ich fühlte mich durchaus froh und leicht. Ich eilte, um nur recht bald die Ebene zu verlassen, und an einem Abende sah ich in der Ferne die dunkeln Umrisse des Gebirges vor mir liegen. Ich konnte in der Herberge kaum schlafen, so ungeduldig war ich, die Gegend zu betreten, die ich für meine Heimat ansah; mit dem frühesten war ich munter und wieder auf der Reise. Nachmittags befand ich mich schon unter den vielgeliebten Bergen, und wie ein Trunkner ging ich, stand dann eine Weile, schaute rückwärts, und berauschte mich in allen mir fremden und doch so wohlbekannten Gegenständen. Bald verlor ich die Ebene hinter mir aus dem Gesichte, die Waldströme rauschten mir entgegen, Buchen und Eichen brausten mit bewegtem Laube von steilen Abhängen herunter; mein Weg führte mich an schwindlichten

Johan Fredrik Martin: Kupfererzbergwerk bei Falun (um 1800)

Abgründen vorüber, blaue Berge standen groß und ehrwürdig im Hintergrunde. Eine neue Welt war mir aufgeschlossen, ich wurde nicht müde. So kam ich nach einigen Tagen, indem ich einen großen Teil des Gebirges durchstreift hatte, zu einem alten Förster, der mich auf mein inständiges Bitten zu sich nahm, um mich in der Kunst der Jägerei zu unterrichten. Jetzt bin ich seit drei Monaten in seinen Diensten. Ich nahm von der Gegend, in der ich meinen Aufenthalt hatte, wie von einem Königreiche Besitz; ich lernte jede Klippe, jede Schlucht des Gebirges kennen, ich war in meiner Beschäftigung, wenn wir am frühen Morgen nach dem Walde zogen, wenn wir Bäume im Forste fällten, wenn ich mein Auge und meine Büchse übte und die treuen Gefährten, die Hunde, zu ihren Geschicklichkeiten abrichtete, überaus glücklich. Jetzt sitze ich seit acht Tagen hier oben auf dem Vogelherde, im einsamsten Gebirge, und am Abend wurde mir heut so traurig zu Sinne, wie noch niemals in meinem Leben; ich kam mir so verloren, so ganz unglückselig vor, und noch kann ich mich nicht von dieser trüben Stimmung erholen.
Der fremde Mann hatte aufmerksam zugehört, indem beide durch einen dunkeln Gang des Waldes gewandert waren. Jetzt traten sie ins Freie, und das Licht des Mondes, der oben mit seinen Hörnern über der Bergspitze stand, begrüßte sie freundlich: in unkenntlichen Formen und vielen gesonderten Massen, die der bleiche Schimmer wieder rätselhaft vereinigte, lag das gespaltene Gebirge vor ihnen, im Hintergrunde ein steiler Berg, auf welchem uralte verwitterte Ruinen schauerlich im weißen Lichte sich zeigten. Unser Weg trennt sich hier, sagte der Fremde, ich gehe in diese Tiefe hinunter, dort bei jenem alten Schacht ist meine Wohnung: die Erze sind meine Nachbarn, die Berggewässer erzählen mir Wunderdinge in der Nacht, dahin kannst du mir doch nicht folgen. Aber siehe dort den Runenberg mit seinem schroffen Mauerwerke, wie schön und anlockend das alte Gestein zu uns herblickt! Bist du niemals dorten gewesen?

1 Wählen Sie in Gruppen je eines der Motive „Ruine", „Rhein", „Park" und „Gebirge" aus. Beschreiben Sie, wie die Autoren die Motive sehen. Versuchen Sie Ihre Ergebnisse zu visualisieren.

2 Tragen Sie Ihre Ergebnisse vor. Beziehen Sie dabei die den Texten zugeordneten Bilder mit ein.

3 Vergleichen Sie die Motive der Texte mit Ihren Assoziationen vom Beginn des Kapitels.

4 Beziehen Sie die Begriffe „Freiheit", „Abenteuer", „Natur" und „Geschichte" jeweils auf die vier Motive. Entdecken Sie Gemeinsamkeiten?

Falun war ein weltberühmtes Kupfererzbergwerk in Schweden. Allerdings scheint es dem Künstler trotz präziser geographischer Angaben nicht um die Abbildung eines identifizierbaren Ortes gegangen zu sein. Weniger die Bergwerke als der erhabene Charakter der durch den Menschen veränderten Tagebaulandschaft bestimmt die Motive. Der Mensch und seine Maschine wirken klein angesichts der Monumentalität der Naturformen. Das Vordringen zum Erdinneren, zum Unterirdischen, in die Höhle ist auch ein Weg zum Ursprungsort der Zeit.
(leicht verändert zitiert nach: Die zweite Schöpfung. Bilder der industriellen Welt vom 18. Jahrhundert bis in die Gegenwart. Hrsg. v. Sabine Beneke und Hans Ottomeyer, Deutsches Historisches Museum, Berlin 2002, S. 177)

Ludwig Tiecks „Der Runenberg":
Das Kunstmärchen ist 1810 in der von Tieck veröffentlichten Sammlung „Phantasus" erschienen. Durch eine Rahmenhandlung ist es mit anderen Märchen verbunden. Die „Nachtseiten der Natur" werden dargestellt. Nach der Beschreibung einer Flucht aus dem Elternhaus und einer Wanderung durchs Gebirge wird die Seelenlage des Protagonisten Christian und damit sein Unbewusstes entfaltet. Auf seinem Weg zieht er eine Wurzel aus dem Boden und hört daraufhin winselnde Töne, die sich entfernen. Ihm tut sich darauf der Abgrund der Seele auf. Ein geheimnisvoller Runenberg wird ihm von einem Fremden gezeigt und er besteigt ihn noch in derselben Nacht, Traum und Realität fließen bei der Begegnung mit der Bergkönigin zusammen, die ihm eine Tafel mit geheimnisvollen Zeichen zeigt. Christian steigt hinab in ein Dorf, heiratet dort und lebt ein sorgloses Leben, das durch ein Vermögen garantiert wird, welches ihm nach einem Jahr gehören soll, wenn der geheimnisvolle Fremde nicht wieder auftaucht. Aber er träumt von der Bergkönigin und verlässt seine Familie, um in der Erde nach unermesslichen Schätzen zu graben. Familie und Haus verelenden. Er kommt als wahnsinniger alter Mann mit einem Sack gewöhnlicher Steine wieder ins Dorf und glaubt, Edelsteine zu besitzen. Mit einem alten Waldweib verschwindet er für alle Zeit aus dem Dorf.
Tieck verwendet dichterische Symbole, die von Novalis geschaffen wurden, wie Gold, Kristall, Schacht, Bergkönigin und bezieht sie auf eine seelische Welt.

aus: Ludwig Tieck: Der Runenberg. Reclam jun. Stuttgart 1986, S. 29 f.

Wenn nicht mehr Zahlen und Figuren Sind Schlüssel aller Kreaturen

4 Die romantische Bewegung

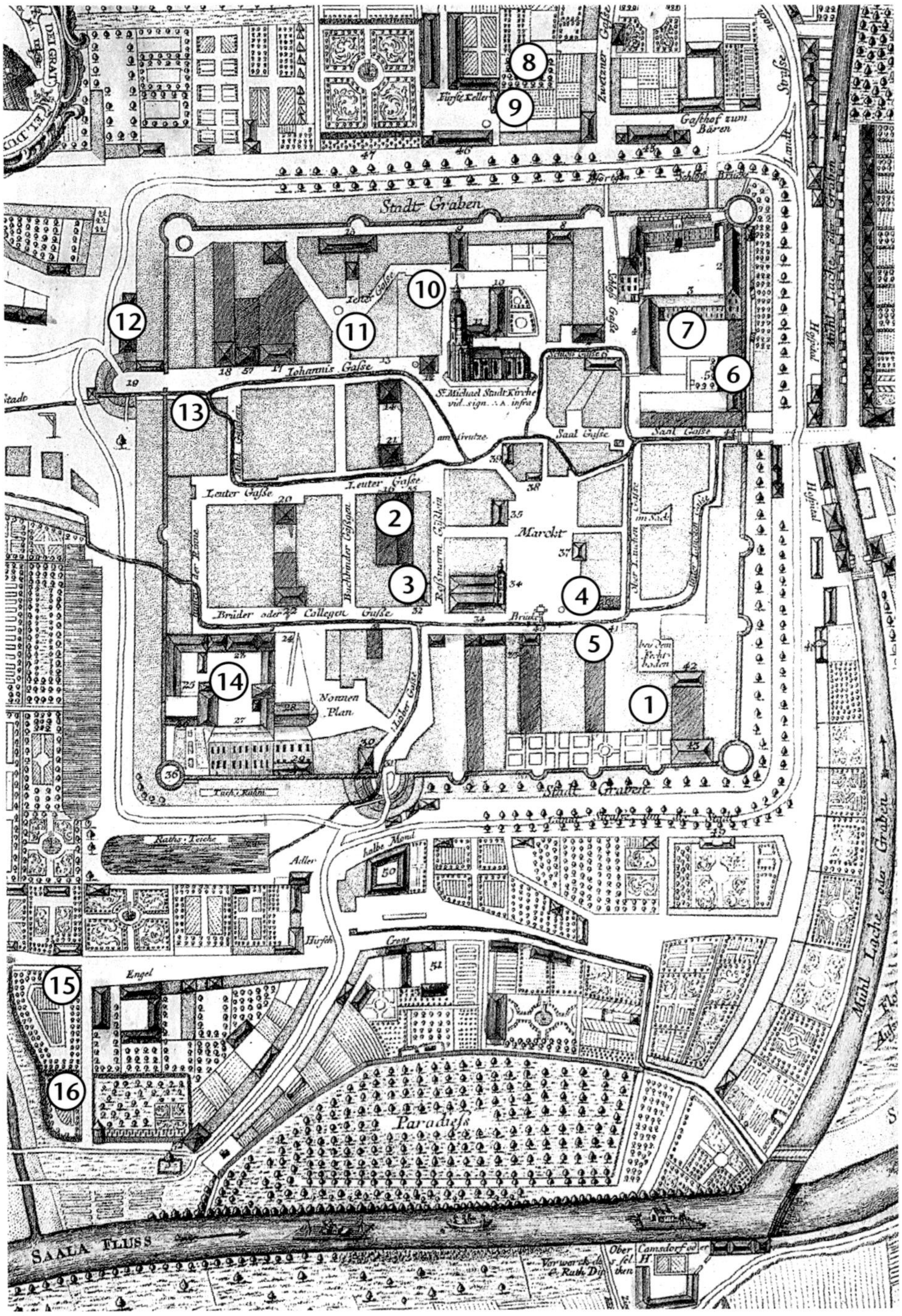

Innenstadtplan Jena mit den Wohnorten der Dichter und Philosophen

Innenstadtplam Jena mit den Wohnorten der Dichter und Philosophen.

1 Wohnhaus des Philosophen J. G. Fichte.
2 Wohngebäude Leutragraben 5, Vorderhaus: G. Hufeland, J. Chr. Döderlein, C. L. Woltmann, F. I. Niethammer, Hinterhaus (Wohnort der Frühromantiker): A. W. Schlegel, D. Veit, A. Böhmer
3 Bachsteinsches Haus, Wohnhaus von J. C. Batsch, Sitz der Naturforschenden Gesellschaft.
4 Kirstensches Haus, Wohnort von Friedrich Schiller
5 Wohnung der Brüder Humboldt.
6 Wohnhaus und Hörsaalgebäude des Theologen J. J. Griesbach.
7 Stadtschloss, Wohnort von J. Chr. Loder, K. L. v. Knebel und Wohnort von Goethe während seiner Jena-Aufenthalte
8 Wohnung von K. Chr. E. Schmid, Friedrich Hölderlin und J. W. Ritter.
9 Frommannsches Haus.
10 Wohnung von Sophie Mereau.
11 Die Schrammei, Schillers erste Wohnung in Jena
12 Wohnung von F. I. Niethammer vor seinem Umzug in die Leutragasse 5, wahrscheinlicher Wohnort von F. W. J. Schelling.
13 Wohnung und Hörsaal von C. L. Reinhold
14 Collegium Jenense, Wohnung von J. A. H. Ulrich.
15 Sitz der Allgemeinen Literatur-Zeitung, Wohnung von Chr. G. Schütz und H. C. A. Eichstädt
16 Schillers Gartenhaus

Überlegen Sie, welche Konsequenzen das räumliche Zusammenleben der romantischen Dichter und Denker mit sich gebracht haben könnte.

4.1 Der Ausgangspunkt: Jena

Referat: Das Leben Sophie Mereaus
Buchvorstellung: Dagmar von Gersdorff: Dich zu lieben kann ich nicht verlernen. Das Leben der Sophie Brentano-Mereau. Suhrkamp, Frankfurt/M. 1990

Schon 1794 war der Philosoph Gottlieb Fichte nach Jena gekommen, wo er in seiner Privatwohnung Vorlesungen hielt. 1798 folgte Friedrich Schelling. Friedrich Schiller war ebenfalls an der Universität tätig. 1796 zogen die Brüder August Wilhelm und Friedrich Schlegel hierher, wo sich ein Kreis junger Literaten um sie bildete. Sie traten mit literaturtheoretischen und literaturkritischen Arbeiten (vor allem in der Zeitschrift Athenäum) an die Öffentlichkeit. Friedrich Schlegel war mit Dorothea Veit, der ältesten Tochter des Aufklärers Moses Mendelssohn, liiert, sein Bruder August Wilhelm mit Caroline Böhmer verheiratet. „Wir wohnen alle in einer Art von Hinterhaus, alle Fenster gehen nach dem Hofe zu. Ganz unten wohne ich, eine Treppe hoch Caroline, dann Wilhelm und ganz in der Höhe wohnt Friedrich" (Dorothea Veit in einem Brief vom 11.10.1799). 1798 stießen zu dem Kreis Ludwig Tieck mit seiner Frau Amalie Alberti, der Naturwissenschaftler Johann Wilhelm Ritter und der norwegische Mineraloge Henrik Steffens, dem Tieck in seiner Erzählung „Der Runenberg" ein literarisches Denkmal setzte. Auch Friedrich von Hardenberg (Novalis) gehörte zu diesem Freundeskreis. Caroline Schlegel wurde 1800 von August Wilhelm Schlegel geschieden und heiratete 1804 in Paris Schelling.
Neben den Schlegels war auch Sophie Mereau, eine viel gelesene Dichterin, ein Mittelpunkt im gesellschaftlichen Leben Jenas. Sie besuchte als einzige Frau die Vorlesungen Fichtes. Schiller wurde ihr Berater und Freund. Nach ihrer Scheidung 1799 von Mereau heiratete sie 1803 in Marburg Clemens von Brentano, mit dem sie bereits in Jena bis 1800 eine intensive Beziehung gehabt hatte.
Die Zeitspanne der Frühromantik war zwar kurz, aber Jena wirkte – wie auch Weimar – auf die Literatur wie ein Treibhaus. Das Jahr 1799 war das große Jahr der Frühromantik.

Dorothea Veit an Rahel Levin in Berlin

Jena, den 18. November 1799.
Ich wollte, Sie hätten die Briefe bekommen, die ich Ihnen recht eigentlich und im ganzen Ernst im Herzen adressierte, so hätte ich ein gutes Gewissen. Das schlechte Gewissen will ich aber auch nicht länger behalten. – Es geht mir hier gut, meine Freundin. Wie Sie richtig bemerkt haben, ich verlange nichts weiter, als vergnügt zu sein! Wäre ich's nun hier nicht, so könnte mir nimmer geholfen werden. Wie sollte mir nicht wohl sein? Wenn auch nur in dieser einzigen Rücksicht, dass ich mit keinen Menschen umgeben bin, die bloß das zu schätzen wissen, was ihnen durch Tradition als schätzbar bekannt ist, sondern: hier steht ein jeder seinen Mann! – Und mit welchen Menschen lebe ich? In den sechs Wochen, die ich nun hier bin, habe ich noch nicht ein einziges Wort gehört, das mir eine unangenehme Empfindung gemacht hätte. [...] Hardenberg habe ich gesehen, er war einige Tage hier, und die Anschauung seiner Persönlichkeit hat es mir erklärt, warum er einst Ihrer Aufmerksamkeit entging; seine Freunde behaupten, er hätte sich zu seinem Nachtheil verändert; ich behaupte aber, gemein wird man nicht, das wird einem angeboren. Und nun zuletzt: Ein heller Punkt in meinem Lebenslauf. Goethe habe ich gesehen! Und nicht bloß gesehen; er ist mit mir und den beiden Schlegels wohl eine gute halbe Stunde spazieren gegangen; hat mich mit einem auszeichnenden Blick gegrüßt, als mein Name genannt wurde, und sich freundlich und ungezwungen mit mir unterhalten. Er hat einen großen und unauslöschlichen Eindruck auf mich gemacht; diesen Gott so sichtbar und in Menschengestalt neben mir, mit mir unmittelbar beschäftigt zu wissen, es war für mich ein großer, ein ewig dauernder Moment! – Von dem zurückschreckenden Wesen, das man so allenthalben von ihm sich erzählt, habe ich wenig gemerkt; im Gegenteil, obgleich meine Schüchternheit und Angst groß war, so nahm sie doch sehr

bald ab, und ich gewann vielmehr ein gewisses schwesterliches Vertrauen in ihn. Ewig schade ist es, dass er so korpulent wird; das verdirbt einem ein wenig die Imagination! Wie er so neben mir her ging und freundlich redete, da verglich ich seine Person mit allen seinen Werken, die mir von ihm in der Eil einfielen, und da habe ich gefunden, dass er dem „Meister" und dem „Hermann" am meisten ähnlich sieht. Am allerwenigsten konnte ich aber den „Faust" in ihm finden, alles andre aber ganz deutlich [...]

aus: Dorothea von Schlegel, geb. Mendelssohn, und deren Söhne Johann und Philipp Veit, Briefwechsel, im Auftrag der Familie Veit herausgegeben von J.M. Reich, Mainz 1881, S. 21 ff.

1 Charakterisieren Sie die Beziehung, die die Briefautorin Dorothea Veit zu den Dichtern und der Adressatin Rahel Levin hat.

4.2 Der Gegensatz von Klassik und Romantik

Johann Wolfgang von Goethe: Das Antike und das Romantische (1808)

Das Romantische ist kein Natürliches, Ursprüngliches, sondern ein Gemachtes, ein Gesuchtes, Gesteigertes, Übertriebenes, Bizarres, bis ins Fratzenhafte und Karikaturartige. Kommt vor wie ein Redoutenwesen, eine Maskerade, grelle Lichterbeleuchtung. Ist humoristisch (das heißt ironisch, vergleiche Ariost, Cervantes; daher ans Komische grenzend und selbst komisch) oder wird es augenblicklich, sobald der Verstand sich daran macht, sonst ist es absurd und phantastisch. Das Antike ist noch bedingt (wahrscheinlich, menschlich), das Moderne willkürlich, unmöglich.

Das antike Magische und Zauberische hat Stil, das moderne nicht. Das antike Magische ist Natur, menschlich betrachtet, das moderne dagegen ein bloß Gedachtes, Phantastisches.

Das Antike ist nüchtern, modest, gemäßigt, das Moderne ganz zügellos, betrunken. Das Antike erscheint nur ein idealisiertes Reales, ein mit Großheit (Stil) und Geschmack behandeltes Reales; das Romantische ein Unwirkliches, Unmögliches, dem durch die Phantasie nur ein Schein des Wirklichen gegeben wird. Das Antike ist plastisch, wahr und reell; das Romantische täuschend wie die Bilder einer Zauberlaterne, wie ein prismatisches Farbenbild, wie die atmosphärischen Farben. Nämlich eine ganz gemeine Unterlage erhält durch die romantische Behandlung einen seltsamen wunderbaren Anstrich, wo der Anstrich eben alles ist und die Unterlage nichts.

Das Romantische grenzt ans Komische [...], das Antike ans Ernste und Würdige.

Das Romantische, wo es in der Großheit an das Antike grenzt wie in den Nibelungen, hat wohl auch Stil, das heißt eine gewisse Großheit in der Behandlung, aber keinen Geschmack. Die so genannte romantische Poesie zieht besonders unsere jungen Leute an, weil sie der Willkür, der Sinnlichkeit, dem Hange nach Ungebundenheit, kurz der Neigung der Jugend schmeichelt. Mit Gewalt setzt man alles durch. Seinem Gegner bietet man Trotz. Die Weiber werden angebetet: Alles wie es die Jugend macht.

aus: „Gespräche mit Goethe in den letzten Jahren seines Lebens" von Johann Peter Eckermann. In: Haas, Die Deutsche Literatur, a.a.O., S. 85

Johann Wolfgang von Goethe: Über das Klassische und Romantische

Aus dem Text zum Montag, den 6. Oktober 1828:

„Was will der ganze Plunder gewisser Regeln einer steifen veralteten Zeit!", sagte er heute, „und was will all der Lärm über klassisch und romantisch! Es kommt darauf an, dass ein Werk durch und durch gut und tüchtig sei, und es wird auch wohl klassisch sein."

Aus dem Text zum Donnerstag, den 2. April 1829:

„Mir ist ein neuer Ausdruck eingefallen", sagte Goethe, „der das Verhält-

aus: Johann Wolfgang von Goethe: Das Antike und das Romantische. Gespräch mit Riemer am 28. August 1808 in Karlsbad. Zitiert nach: Haas, Die Deutsche Literatur, a.a.O., S. 85

nis nicht übel bezeichnet. Das Klassische nenne ich das Gesunde, und das Romantische das Kranke. (Und da sind die Nibelungen klassisch wie Homer, denn beide sind gesund und tüchtig.) Das meiste Neuere ist nicht romantisch, weil es neu, sondern weil es schwach, kränklich und krank ist, und das Alte ist nicht klassisch, weil es alt, sondern weil es stark, frisch, froh und gesund ist. Wenn wir nach solchen Qualitäten Klassisches und Romantisches unterscheiden, so werden wir bald im Reinen sein."

1 Wie charakterisiert Goethe das Romantische?
2 Nennen Sie Gefahren, die er bei dem Versuch der Romantiker sieht, die klassischen Ideale zu überwinden.
3 Stellen Sie seine Auffassung von Antike/Klassik und Romantik und die von ihm genannten Gegensätze einander in einer Tabelle gegenüber.

Klassik	Romantik

4 Suchen Sie eigene charakteristische Oberbegriffe für die beiden Richtungen und tragen Sie diese ebenfalls in die Tabelle ein.

Novalis

aus: Novalis, Schriften, a.a.O., S. 344

Wenn nicht mehr Zahlen und Figuren
Sind Schlüssel aller Kreaturen,
Wenn die, so singen oder küssen,
Mehr als die Tiefgelehrten wissen,
Wenn sich die Welt ins freie Leben,
Und in die Welt wird zurück begeben,
Wenn dann sich wieder Licht und Schatten
Zu echter Klarheit werden gatten,
Und man in Märchen und Gedichten
Erkennt die ew'gen Weltgeschichten,
Dann fliegt vor einem geheimen Wort
Das ganze verkehrte Wesen fort.

1 Benennen Sie die im Gedicht angesprochenen Arten der Welterfahrung.
2 Untersuchen Sie V. 7f.:
– Wofür stehen „Licht" und „Schatten"?
– Erläutern Sie ihre Beziehung zueinander.
3 Erläutern Sie die Bedeutung der Konjunktion „wenn" in dem Gedicht.

August Wilhelm Schlegel: Vorlesungen über dramatische Kunst und Literatur

Über den Ursprung und das Wesen des Romantischen sprach ich in der ersten Vorlesung und will hier nur weniges in Erinnerung bringen. Die antike Kunst und Poesie geht auf strenge Sonderung des Ungleichartigen, die romantische gefällt sich in unauflöslichen Mischungen; alle Entgegengesetzten, Natur und

Kunst, Poesie und Prosa, Ernst und Scherz, Erinnerung und Ahnung, Geistigkeit und Sinnlichkeit, das Irdische und Göttliche, Leben und Tod, verschmilzt sie auf das innigste miteinander. Wie die ältesten Gesetzgeber ihre ordnenden Lehren und Vorschriften in abgemessenen Weisen erteilten, [...] so ist die gesamte alte Poesie und Kunst gleichsam ein rhythmischer Nomos, eine harmonische Verkündigung der auf immer festgestellten Gesetzgebung einer schön geordneten und die ewigen Urbilder der Dinge in sich abspiegelnden Welt. Die romantische hingegen ist der Ausdruck des geheimen Zuges zu dem immerfort nach neuen und wundervollen Geburten ringenden Chaos, welches unter der geordneten Schöpfung, ja in ihrem Schoße sich verbirgt: der beseelende Geist der ursprünglichen Liebe schwebt hier von neuem über den Wassern.

18 Nomos: gr. Gesetz, Ordnung

aus: August Wilhelm Schlegel: Vorlesungen über dramatische Kunst und Literatur. Teil II, Kohlhammer, Stuttgart 1964, S. 111 ff.

Novalis: Die Verworrenen und die Geordneten (54. Blütenstaubfragment, 1798)

Je verworrener ein Mensch ist, man nennt die Verworrenen oft Dummköpfe, desto mehr kann durch fleißiges Selbststudium aus ihm werden; dahingegen die geordneten Köpfe trachten müssen, wahre Gelehrte, gründliche Enzyklopädisten zu werden. Die Verworrnen haben im Anfang mit mächtigen Hindernissen zu kämpfen, sie dringen nur langsam ein, sie lernen mit Mühe arbeiten: dann aber sind sie auch Herrn und Meister auf immer. Der Geordnete kommt geschwind hinein, aber auch geschwind heraus. Er erreicht bald die zweite Stufe: aber da bleibt er auch gewöhnlich stehn. Ihm werden die letzten Schritte beschwerlich, und selten kann er es über sich gewinnen, schon bei einem gewissen Grade von Meisterschaft sich wieder in den Zustand eines Anfängers zu versetzen. Verworrenheit deutet auf Überfluss an Kraft und Vermögen, aber mangelnde Verhältnisse; Bestimmtheit auf richtige Verhältnisse, aber sparsames Vermögen und Kraft. Daher ist der Verworrne so progressiv, so perfektibel, dahingegen der Ordentliche so früh als Philister aufhört. Ordnung und Bestimmtheit allein ist nicht Deutlichkeit. Durch Selbstbearbeitung kommt der Verworrene zu jener himmlischen Durchsichtigkeit, zu jener Selbsterleuchtung, die der Geordnete so selten erreicht. Das wahre Genie verbindet diese Extreme. Es teilt die Geschwindigkeit mit dem letzten und die Fülle mit dem ersten.

aus: Novalis, Schriften, a.a.O., Band II, S. 433

1 Finden Sie zentrale Begriffe für die Selbsteinschätzung der Romantiker und ihre Einschätzung der Klassiker. Tragen Sie diese in die unten stehende Tabelle ein.

Selbsteinschätzung der Romantiker	Einschätzung der Klassik

Fragmente waren für die Frühromantiker eine ideale Form des literarischen Ausdrucks. Die Kürze der Fragmente erlaubte es, philosophische Gedanken, Kunstauffassungen, Erkenntnisse, weltanschauliche Grundsätze in oft provokanter Form darzustellen. Diese frechen Äußerungen zu den verschiedensten Themen offenbaren nicht nur ihre Auffassungen zur Poesie, Philosophie oder Politik, sie sind Bausteine, die zusammengenommen das Gebäude ihrer Weltsicht dokumentieren. Dabei sollte jedes Fragment in sich vollendet sein. Der Berliner Theologe Friedrich Schleiermacher sah in den Fragmenten kritische Späne. Sie sollten das Licht eigenständigen Denkens entzünden, durch gezielte Provokation einen neuen Kommunikationsprozess zwischen Autor und Leser in Gang setzen. Das Spielerische in den Formulierungen verrät aber auch den Spaß, den die Frühromantiker beim Verfassen der Fragmente hatten. Sie entstanden oft im Gespräch und wurden sofort notiert. Die Gedankensplitter sollten als ein Stück Welterfahrung eingefangen werden. Dabei wurde nichts begründet oder bewiesen. Den Frühromantikern ging es um das Sprengen althergebrachter Denkmodelle, sie hinterfragten mit den Fragmenten Systeme und festgefügte Strukturen in der Philosophie, Politik und Gesellschaft. Die Frühromantiker wollten mit der offenen Form des Fragments das Fließende, das Veränderliche, die Bewegung aller Prozesse einfangen. Die Vielschichtigkeit und Komplexität der Wirklichkeit ließ sich für sie nicht allein durch Begriffe und Systeme erklären. Auf der Suche nach der Allwissenheit war ihnen die Relativität jeder errungenen Wahrheit bewusst.
nach: Katalog Der romantische Aufbruch, a.a.O., Beilage

Friedrich Schlegel: Die romantische Poesie (Fragment 116 in der Zeitschrift Athenäum, 1798–1800)

Die romantische Poesie ist eine progressive Universalpoesie. Ihre Bestimmung ist nicht bloß, alle getrennten Gattungen der Poesie wieder zu vereinigen und die Poesie mit der Philosophie und Rhetorik in Berührung zu setzen. Sie will und soll auch Poesie und Prosa, Genialität und Kritik, Kunstpoesie und Naturpoesie bald mischen, bald verschmelzen, die Poesie lebendig und gesellig und das Leben und die Gesellschaft poetisch machen, den Witz poetisieren und die Formen der Kunst mit gediegnem Bildungsstoff jeder Art anfüllen und sättigen und durch die Schwingungen des Humors beseelen. Sie umfasst alles, was nur poetisch ist, vom größten wieder mehre Systeme in sich enthaltenden Systeme der Kunst bis zu dem Seufzer, dem Kuss, den das dichtende Kind aushaucht in kunstlosen Gesang. Sie kann sich so in das Dargestellte verlieren, dass man glauben möchte, poetische Individuen jeder Art zu charakterisieren, sei ihr Eins und Alles; und doch gibt es noch keine Form, die so dazu gemacht wäre, den Geist des Autors vollständig auszudrücken: so dass manche Künstler, die nur auch einen Roman schreiben wollten, von ungefähr sich selbst dargestellt haben. Nur sie kann gleich dem Epos ein Spiegel der ganzen umgebenden Welt, ein Bild des Zeitalters werden. Und doch kann auch sie am meisten zwischen dem Dargestellten und dem Darstellenden frei von allem realen und idealen Interesse auf den Flügeln der poetischen Reflexion in der Mitte schweben, diese Reflexion immer wieder potenzieren und wie in einer endlosen Reihe von Spiegeln vervielfachen. Sie ist der höchsten und der allseitigsten Bildung fähig; nicht bloß von innen heraus, sondern auch von außen hinein; indem sie jedem, was ein Ganzes in ihren Produkten sein soll, alle Teile ähnlich organisiert, wodurch ihr die Aussicht auf eine grenzenlos wachsende Klassizität eröffnet wird. Die romantische Poesie ist unter den Künsten, was der Witz der Philosophie und die Gesellschaft, Umgang, Freundschaft und Liebe im Leben ist. Andre Dichtarten sind fertig, und können nun vollständig zergliedert werden. Die romantische Dichtart ist noch im Werden; ja das ist ihr eigentliches Wesen, dass sie ewig nur werden, nie vollendet sein kann. Sie kann durch keine Theorie erschöpft werden, und nur eine divinatorische Kritik dürfte es wagen, ihr Ideal charakterisieren zu wollen. Sie allein ist unendlich, wie sie allein frei ist, und das als ihr erstes Gesetz anerkennt, dass die Willkür des Dichters kein Gesetz über sich leide. Die romantische Dichtart ist die einzige, die mehr als Art und gleichsam die Dichtkunst selbst ist: denn in einem gewissen Sinn ist oder soll alle Poesie romantisch sein.

1 romantisch: Der Begriff erlebte im 18. Jahrhundert eine Bedeutungsveränderung von abwertend „romanhaft, übertrieben" über „phantasiebestimmt" zu „modern" im Sprachgebrauch der Romantiker.
1 Poesie: hier Oberbegriff für alle Formen der literarischen Gestaltung
35 divinatorische Kritik: von lat. Divinatio = Sehergabe; Kritik auf der Grundlage vertieter Einsicht in das Wesen eines Werkes

aus: Friedrich Schlegel: Kritische und theoretische Schriften. Reclam, Stuttgart 1990, S. 90 f.

1 Stellen Sie die Schlüsselbegriffe des Textes einander als Gegensatzpaare gegenüber.
2 Fassen Sie die wesentlichen Aussagen in eigenen Worten zusammen
3 Erläutern Sie, warum die Form des Fragments und dessen inhaltliche Forderung nach der Vereinigung aller Künste kein Widerspruch sind.

„Die Welt muss romantisiert werden. So findet man den ursprünglichen Sinn wieder. […] Indem ich dem Gemeinen einen hohen Sinn, dem Gewöhnlichen ein geheimnisvolles Aussehen, dem Bekannten die Würde des Unbekannten, dem Endlichen einen unendlichen Schein gebe, romantisiere ich es." (Novalis)

„Denn es wird doch immer der wesentliche Charakter des Romantischen bleiben, dass die Abgeschlossenheit fehlt und dass immer noch auf ein weiteres, auf ein Fortschreiten gedeutet wird.“ (Carl Gustav Carus, 1789–1869, romantischer Arzt und Naturphilosoph)

1 Versuchen Sie aus den beiden Zitaten das Kunstverständnis der romantischen Literatur abzuleiten.

Ricarda Huch: Die Romantik

Nichts anderes scheinen mir die verschiedenen Aussprüche der Romantiker über Ironie zu bedeuten. Friedrich Schlegel sagt z.B.: „Ironie ist klares Bewusstsein der ewigen Agilität des unendlich vollen Chaos“ und „Wir müssen uns über unsere eigene Liebe erheben, und was wir anbeten, in Gedanken vernichten können: sonst fehlt uns, was wir auch für andere Fähigkeiten haben, der Sinn für das Weltall.“

Tieck bemerkt einmal, dass man einen Gegenstand, den man liebt, erst besitze, wenn man etwas Lächerliches an ihm findet, dass er keinen Freund und keine Geliebte haben möge, über die er niemals lachen oder lächeln könnte [...].

Wie er im Zerbino sagt:

Habt ihr´s schon versucht, den Scherz als Ernst
Zu treiben, Ernst als Spaß nur zu behandeln?
Mit Leiden
Mit Freuden
Gleich lieblich zu spielen
Und Schmerzen
Im Scherzen
So leise zu fühlen
Ist wen´gen beschieden.
Sie wählen zum Frieden
Das eine von beiden,
Sind nicht zu beneiden;
Ach gar zu bescheiden
Sind doch ihre Freuden
Und kaum von Leiden
Zu unterscheiden

Ricarda Huchs Werk „Die Romantik“ ist eines der wesentlichen Bücher über diese Epoche. 1899 erschien der 1. Teil „Blütezeit der Romantik“, danach folgte der 2. Teil „Ausbreitung und Verfall der Romantik“. Die Darstellung prägte entschieden das Romantikbild das 20. Jahrhunderts in der Literaturwissenschaft.

aus: Ricarda Huch: Die Romantik, Wunderlich, Tübingen 1951, S.256

1 Warum passt das Stilmittel der Ironie zu der poetischen Haltung der romantischen Dichter? Formulieren Sie eine kurze Begründung.

2 Bilden Sie zwei Gruppen. Diskutieren Sie als Vertreter der klassischen beziehungsweise der romantischen Literaturauffassung Ihre jeweilige Sichtweise der Aufgabe von Literatur.

4.3 Phasen und Zentren

Zeit	Ort	Programmatik	Vertreter	phasentypische Werke	Geschichtlicher Hintergrund
1795 bis 1804	**Frühromantik (Jenaer Romantik)**	– philosophisches Kunstprogramm – Aufbruchsstimmung – Auflösung der Gattungen analog zur Auflösung gesellschaftlicher Schranken	Gottlieb Fichte August und Wilhelm Schlegel Friedrich Schelling Novalis Ludwig Tieck, Wilhelm Heinrich Wackenroder	Wissenschaftslehre Zeitschrift „Athenäum" Reden über die Religion Blütenstaubfragmente, Hymnen an die Nacht, Heinrich von Ofterdingen, Die Christenheit oder Europa Volksmärchen, Herzensergießungen eines kunstliebenden Klosterbruders	Die Ideen der Französischen Revolution ergreifen Europa.  *Zerstörung der Bastille, 14. Juli 1789*
1805 bis 1814	**Hochromantik (Heidelberger Romantik)**	– Volkspoesie – Interesse an der Vergangenheit (Auflösung des Heiligen Römischen Reichs Deutscher Nation) – Suche nach nationaler Identität	Jacob und Wilhelm Grimm Clemens Brentano, Achim von Arnim Ludwig Tieck Adalbert von Chamisso	Volksmärchensamlung Des Knaben Wunderhorn Armut, Reichtum, Schuld und Buße der Gräfin Dolores Phantasus Peter Schlemihls wundersame Reise	Napoleon beherrscht von 1804–1813 fast ganz Europa.  *Napoleon*
1814 bis 1835	**Spätromantik Berlin und Schwaben**	Es entstanden Gedichte und Erzählungen, die für uns heute die Epochen prägen. Entscheidend waren die Erfahrung der Industrialisierung und die politische Restauration.	Joseph von Eichendorff E.T.A. Hoffmann Ludwig Uhland Bettina von Arnim, Karoline von Günderode	Aus dem Leben eines Taugenichts, Das Marmorbild Der Sandmann Die Elixiere des Teufels Gedichte Briefwechsel	Industrialisierung, politische Restauration  *Metternich*

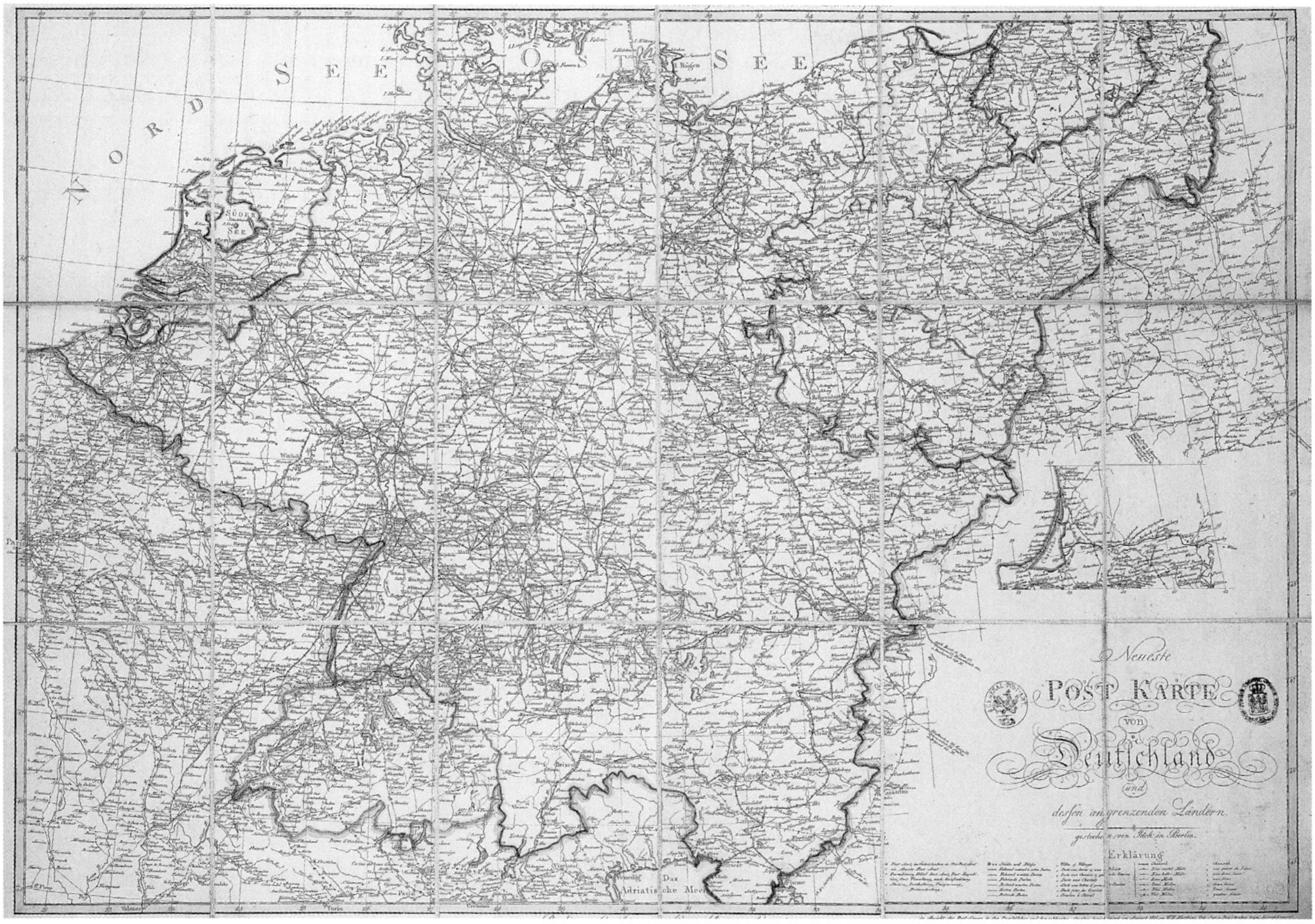

Deutschland

1 Tragen Sie nach Durcharbeiten der Tabelle die Zentren romantischer Dichtung, deren Dauer und wichtigste Vertreter in eine Karte ein.
2 Wie spiegeln sich die historischen Ereignisse, die in den Abbildungen verdeutlicht werden, in der Programmatik der unterschiedlichen Phasen der romantischen Bewegung wieder?
3 Billigen Sie den Romantikern eine politische Haltung zu?

Referate:
- **Die Bedeutung der französischen Revolution für die Romantik**
- **Napoleon und die Romantik**
- **Romantik und Restauration**

Ricarda Huch: Die Romantik

Ringseis erzählt in seinen Lebenserinnerungen eine merkwürdige Geschichte: der kleine Sohn eines Offiziers hörte eines Tages auf freiem Felde eine Hirtenflöte blasen, lief voll Sehnsucht dem Klange nach und kam nicht zurück. Die Eltern mussten es endlich aufgeben, den Verlorenen zu suchen, der irgendwo in einem Dorfe ein Hirtenbube geworden war; nach vielen Jahren fanden sie ihn zufällig mit Familie in einer Hütte und so in die bäuerlichen Verhältnisse eingelebt, dass es untunlich gewesen wäre, ihn in die früheren zurückzuversetzen. Dies kann wohl als ein Bild für die Geschichte der Romantik gelten: sie ging in dem süßen, volkstümlichen Tone einer Schalmei nach, wie sie Kinder oder Hirten blasen, setzte sie selbst an den Mund, gab sich der wilden, freien Natur hin, stolz, einmal die Kultur abstreifen zu können, und ging dabei unversehens ihrer gebildeten Geisteskräfte verlustig, bis sie schließlich nichts anderes mehr konnte als auf der Schalmei blasen.

Die ersten Romantiker waren Norddeutsche gewesen, durch hellen Verstand, Wissensdurst und geistige Energie ausgezeichnet, wie sie dem Norddeutschen im Allgemeinen eigen sind. Was sie von den meisten ihrer Zeitgenossen unterschied, war der Sinn für das Geheimnissvolle, für das dunkle Reich in unserem Innern, das uns mit dem Allgemeinen, mit dem Kosmos verbindet.

aus: Huch, Romantik, a.a.O., S.356

1 Entwerfen Sie eine Kurve, die wiedergibt, wie Ricarda Huch die Entwicklung der romantischen Bewegung darstellt.

2 Erläutern Sie Ihre Kurve.

Im Traume ... scheint die Seele eine ganz andere Sprache zu sprechen als gewöhnlich

5 Die Entdeckung des Unbewussten

Giambattista Piranesi: Der gotische Bogen

Assoziieren Sie das Bild „Der gotische Bogen" von Piranesi mit Ihren Vorstellungen vom Unbewussten.

Gegen Ende des 18. Jahrhunderts ist eine zunehmende Skepsis gegenüber dem Vernunftglauben der Aufklärung, aber auch gegenüber dem Konzept einer „Ästhetischen Erziehbarkeit der Menschen" zu bemerken. Es wird wichtiger, die Welt zu erleben, als sie zu erklären und zu deuten. Man kann die Romantik als eine radikale Abkehr vom Rationalismus sehen, man kann sie aber auch als die Vollendung der Aufklärung deuten. Entdeckt wird die Welt des Inneren und der irrationalen Kräfte. Erst Außenwelt und Innenwelt zusammen machen die moderne Sichtweise auf den Menschen aus. Für die Zeitgenossen war die Beschäftigung mit dem Irrationalen wichtig und verdrängte gesellschaftsbezogene Themen. Dies war auch eine Reaktion auf die politischen Verhältnisse in Europa, vor allem auf die Reduzierung des Menschen auf seinen Nutzwert.
Der Satz „Die Welt muss romantisiert werden" kann als Fluch aus der Realität gedeutet werden, aber auch als Intensivierung des Lebensgefühls einer jungen Generation sensibler Dichter und Dichterinnen.

E.T.A. Hoffmann

E.T.A. Hoffmann 1776 in Königsberg geboren, kam er früh mit der Welt des Aberglaubens und des Übersinnlichen in Berührung, das in der ländlichen Gegend tradiert wurde und in seinen Werken einen nachhaltigen Niederschlag fand. Sein Werdegang als Jurist führte ihn nach Posen, aufgrund einer Strafversetzung wegen karikierender Zeichnungen der Vorgesetzten in die Provinz und dann nach Warschau. Mit dem Einmarsch Napoleons verlor er seine Stelle. Seine eigentliche Begabung sah Hoffmann in der Musik. 1808 nahm er nach Jahren wirtschaftlicher Entbehrungen deshalb die Stelle des Musikdirektors in Bamberg an. Der Erfolg blieb trotz eigener Kompositionen aus, ihm gelang in dieser Zeit aber der schriftstellerische Durchbruch. Hoffmann interessierte sich, angeregt durch medizinische Schriften, für die „Nachtseiten der Seele". 1816 trat er eine Stelle am Kammergericht in Berlin an, wo er z. B. mit Ermittlungen gegen „Hochverräter" gemäß den Karlsbader Beschlüssen befasst war. Die Nächte verbrachte er in der Weinstube von Luther und Wegener. Hoffmann wurde einer der bekanntesten Dichter seiner Zeit. Weil er den Berliner Polizeipräsidenten und seine Methoden in „Meister Floh" denunzierte, drohte ihm ein Disziplinarverfahren. Der frühe Tod 1822 bewahrte ihn davor.

5.1 Die Nachtseite des Menschen

E. T. A. Hoffmann: Die Elixiere des Teufels

Ich konnte nicht mehr schlafen. In den wunderlichen Reflexen, die der düstre flackernde Schein der Lampe an Wände und Decke warf, grinsten mich allerlei verzerrte Gesichter an; ich löschte die Lampe aus, ich barg mich in die Strohkissen, aber grässlicher tönte dann das dumpfe Stöhnen, das Kettengerassel der Gefangenen durch die grauenvolle Stille der Nacht. Oft war es mir, als höre ich Euphemiens – Viktorins Todesröcheln. „Bin ich denn schuld an euerm Verderben? Wart ihr es nicht selbst, Verruchte! Die ihr euch hingabt meinem rächenden Arm?" – So schrie ich laut auf, aber dann ging ein langer, tief ausatmender Todesseufzer durch die Gewölbe, und in wilder Verzweiflung heulte ich: „Du bist es, Hermogen! ... nah ist die Rache! ... Keine Rettung mehr!" – In der neunten Nacht mochte es sein, als ich, halb ohnmächtig von Grauen und Entsetzen, auf dem kalten Boden des Gefängnisses ausgestreckt lag. Da vernahm ich deutlich unter mir ein leises, abgemessenes Klopfen. Ich horchte auf, das Klopfen dauerte fort, und dazwischen lachte es seltsamlich aus dem Boden hervor! – Ich sprang auf und warf mich auf das Strohlager, aber immerfort klopfte es und lachte und stöhnte dazwischen. – Endlich rief es leise, leise, aber wie mit hässlicher, heiserer, stammelnder Stimme hintereinander fort: „Me-dar-dus! Me-dar-dus!" – Ein Eisstrom goss sich mir durch die Glieder! Ich ermannte mich und rief: „Wer da! Wer ist da?" – Lauter lachte es nun und stöhnte und ächzte und klopfte und stammelte heiser: „Me-dar-dus ... Me-dar-dus!" – Ich raffte mich auf vom Lager. „Wer du auch bist, der du hier tollen Spuk treibst, stell dich her sichtbarlich vor meine Augen, dass ich dich schauen mag, oder höre auf mit deinem wüsten Lachen und Klopfen!" – So rief ich in die dicke Finsternis hinein, aber recht unter meinen Füßen klopfte es stärker und stammelte: „Hihihi ... hihihi ... Brü-der-lein ... Brü-der-lein ... Me-dar-dus ... ich bin da ... bin da ... ma-mach auf ... auf ... wir wowollen in den Wa-Wald gehn ... Wald gehn!" – Jetzt tönte die Stimme dunkel in meinem Innern wie bekannt; ich hatte sie schon sonst gehört, doch nicht, wie mich es dünkte, so abgebrochen und so stammelnd. Ja, mit Entsetzen glaubte ich meinen eignen Sprachton zu vernehmen. Unwillkürlich, als wollte ich versuchen, ob es denn so sei, stammelte ich nach: „Me-dar-dus ... Me-dar-dus!“ Da lachte es wieder, aber höhnisch und grimmig, und rief: „Brü-der-lein ... Brü-der-lein, hast ... du, du mi-mich erkannt ... erkannt? ... ma-mach auf ... wir wo-wollen in den Wa-Wald ... in den Wald!“ – „Armer Wahnsinniger“, so sprach es dumpf und schauerlich aus mir heraus, „armer Wahnsinniger, nicht aufmachen kann ich dir, nicht heraus mit dir in den schönen Wald, in die herrliche freie Frühlingsluft, die draußen wehen mag; eingesperrt im dumpfen düstern Kerker bin ich wie du!“

[...]

Ich war aufgestanden, mit der Lampe in der Hand. Da rührte es sich unter meinem Fuß, ich schritt weiter und sah, wie an der Stelle, wo ich gestanden, sich ein Stein des Pflasters losbröckelte. Ich erfasste ihn und hob ihn mit leichter Mühe vollends heraus. Ein düsterer Schein brach durch die Öffnung, ein nackter Arm mit einem blinkenden Messer in der Hand streckte sich mir entgegen. Von tiefem Entsetzen durchschauert, bebte ich zurück. Da stammelte es von unten herauf: „Brü-der-lein! Brü-der-lein, Me-dar-dus ist da-da, herauf ... nimm, nimm! ... brich ... brich ... in den Wa-Wald ... in den Wald!“ – Schnell dachte ich Flucht und Rettung; alles Grauen überwunden, ergriff ich das Messer, das die Hand mir willig ließ, und fing an, den Mörtel zwischen den Steinen des Fußbodens emsig wegzubrechen. Der, der unten war, drückte wacker herauf. Vier, fünf Steine lagen zur Seite weggeschleudert, da erhob sich plötzlich ein nackter Mensch bis an die Hüften aus der Tiefe empor und starrte mich gespenstisch an mit des Wahnsinns grinsendem, entsetzlichem Gelächter. Der volle Schein der Lampe fiel auf das Gesicht – ich erkannte mich selbst – mir vergingen die Sinne. – Ein empfindlicher Schmerz an den Armen weckte mich aus tiefer Ohnmacht!

[...]

So, laut klagend, warf ich mich auf das Stroh und fühlte in dem Augenblick einen Druck auf der Brust, der von einem harten Körper in der Busentasche meiner Weste herzurühren schien. Ich fasste hinein und zog ein kleines Messer hervor. Nie hatte ich, solange ich im Kerker war, ein Messer bei mir getragen, es musste daher dasselbe sein, das mir mein gespenstisches Ebenbild heraufgereicht hatte. Mühsam stand ich auf und hielt das Messer in den stärker hereinbrechenden Lichtstrahl. Ich erblickte das silberne blinkende Heft. Unerforschliches Verhängnis! Es war dasselbe Messer, womit ich Hermogen getötet und das ich seit einigen Wochen vermisst hatte.

aus: E. T. A. Hoffmann: Die Elixiere des Teufels. Band 2, Aufbau-Verlag, Berlin 1958, S. 207 f., 216 f., 218

E. T. A. Hoffmann: Die Elixiere des Teufels.
In der Tradition der englischen Schauerromane (Lewis: The Monk) 1814 geschrieben.
Geschichte eines Mönches, der durch seinen Stolz, sein heißes Blut und seine unbändige Leidenschaft zum Bruch des Gelübdes und zum Verbrechen verleitet wird. Bei H. ist die Zentralgestalt, Medardus, das letzte Glied eines unseligen Geschlechtes, dessen wilde Triebe er geerbt hat. Indem H. sein Leben erzählt, rollt er zugleich die Vorgeschichte der Handlung auf: Der Stammvater ist wegen seiner schweren Frevel von Gott verdammt worden, bis zum Tode seines letzten Nachkommen ruhelos zu wandeln.
Vorstellungen der Schicksalstragödie – vielleicht unbewusst – verwendet. Nachtseiten der Natur, das Anormale: beängstigende Verwertung des Motivs vom Doppelgänger, des doppelten Bewusstseins, des Wahnsinns auf Grund eingehender Unterrichtung durch psychiatrische Literatur der Zeit und durch Bekannte; Markus, Leiter der Irrenanstalt St. Getreu bei Bamberg, wird in dem Roman selbst erwähnt. Geistiger Urgrund: H.s quälende Vorstellung des Doppelgängers und Angst vor Wahnsinn. „Warum denke ich schlafend oder wachend so oft an den Wahnsinn? Ich meine, geistige Ausleerungen könnten wie ein Aderlass wirken“ (Tagebuch 1810).
Medardus: ein ins Maßlose gesteigertes Selbstporträt.
(aus: Herbert A. und Elisabeth Frenzel: Daten deutscher Dichtung. 3. Aufl. Kiepenheuer und Witsch, Köln-Berlin 1953, S. 227f.)

1 Charakterisieren Sie den Seelenzustand des Protagonisten. Vergleichen Sie diesen Seelenzustand mit dem Zustand des lyrischen Ichs in Eichendorffs „Mondnacht“.

2 Bilden Sie zu den beiden Seelenzuständen ein Begriffspaar.

Francisco de Goya: Vorzeichnung zu Capricho 43

Wenn Sie davon ausgehen, dass es sich um eine Selbstdarstellung des Künstlers handelt, können Sie bestimmt eine Erklärung für die Verdreifachung des Gesichts finden!

1. Beschreiben Sie die Bildelemente.
2. Versuchen Sie eine Aussage über den Gemütszustand des an dem Tisch sitzenden Menschen zu formulieren.

Gotthilf Heinrich Schubert (1780–1860): Die Symbolik des Traumes (1814)

Im Traume, und schon in jenem Zustande des Deliriums, der meist vor dem Einschlafen vorhergeht, scheint die Seele eine ganz andre Sprache zu sprechen als gewöhnlich. Gewisse Naturgegenstände oder Eigenschaften der Dinge bedeuten jetzt auf einmal Personen, und umgekehrt stellen sich uns gewisse Eigenschaften oder Handlungen unter dem Bilde von Personen dar. Solange die Seele diese Sprache redet, folgen ihre Ideen einem andern Gesetz der Assoziation als gewöhnlich, und es ist nicht zu leugnen, dass jene neue Ideenverbindung einen viel rapideren, geisterhafteren und kürzeren Gang oder Flug nimmt als die des wachen Zustandes, wo wir mehr mit unsern Worten denken. Wir drücken in jener Sprache durch einige wenige hieroglyphische, seltsam aneinandergefügte Bilder,

die wir uns entweder schnell nacheinander oder auch nebeneinander und auf einmal vorstellen, in wenigen Momenten mehr aus, als wir mit Worten in ganzen Stunden auseinanderzusetzen vermöchten: erfahren in dem Traume eines kurzen Schlummers öfters mehr, als im Gange der gewöhnlichen Sprache in ganzen Tagen geschehen könnte, und das ohne eigentliche Lücken, in einem in sich selber regelmäßigen Zusammenhange, der nur freilich ein ganz eigentümlicher, ungewöhnlicher ist.
Ohne dass wir deshalb gerade dem Traume vor dem Wachen, dem Närrischsein vor der Besonnenheit einen Vorzug geben wollen, dürfen wir uns doch nicht leugnen: dass jene Abbreviaturen- und Hieroglyphensprache der Natur des Geistes in vieler Hinsicht angemessener erscheine als unsre gewöhnliche Wortsprache. Jene ist unendlich viel ausdrucksvoller, umfassender, der Ausgedehntheit in die Zeit viel minder unterworfen als diese. Die letztere müssen wir erst erlernen, dagegen ist uns jene angeboren, und die Seele versucht diese ihr eigentümliche Sprache zu reden, sobald sie im Schlafe oder Delirio aus der gewöhnlichen Verkettung etwas los und frei geworden. [...]

aus: Gotthilf Heinrich Schubert: Die Symbolik des Traumes. Lambert/Schneider, Heidelberg 1968

1 Überlegen Sie, warum Träume für romantische Autoren so interessant gewesen sein könnten.
2 Arbeiten Sie die Charakteristika des Schubertschen Traumverständnisses heraus.

5.2 Landschaft als Spiegel der Seele

Ludwig Tieck: Der blonde Eckbert

Als der Tag graute, stand ich auf und eröffnete, fast ohne dass ich es wusste, die Tür unsrer kleinen Hütte. Ich stand auf dem freien Felde, bald darauf war ich in einem Walde, in den der Tag kaum noch hineinblickte. Ich lief immerfort, ohne mich umzusehen, ich fühlte keine Müdigkeit, denn ich glaubte immer, mein Vater würde mich noch wieder einholen und, durch meine Flucht gereizt, mich noch grausamer behandeln.
Als ich aus dem Walde wieder heraustrat, stand die Sonne schon ziemlich hoch; ich sah jetzt etwas Dunkles vor mir liegen, welches ein dichter Nebel bedeckte. Bald musste ich über Hügel klettern, bald durch einen zwischen Felsen gewundenen Weg gehn, und ich erriet nun, dass ich mich wohl in dem benachbarten Gebirge befinden müsse, worüber ich anfing, mich in der Einsamkeit zu fürchten. Denn ich hatte in der Ebene noch keine Berge gesehen, und das bloße Wort Gebirge, wenn ich davon hatte reden hören, war meinem kindischen Ohr ein fürchterlicher Ton gewesen. Ich hatte nicht das Herz, zurückzugehen, meine Angst trieb mich vorwärts; oft sah ich mich erschrocken um, wenn der Wind über mir weg durch die Bäume fuhr oder ein ferner Holzschlag weit durch den stillen Morgen hintönte. Als mir Köhler und Bergleute endlich begegneten und ich eine fremde Aussprache hörte, wäre ich vor Entsetzen fast in Ohnmacht gesunken.
Ich kam durch mehrere Dörfer und bettelte, weil ich jetzt Hunger und Durst empfand; ich half mir so ziemlich mit meinen Antworten durch, wenn ich gefragt wurde. So war ich ohngefähr vier Tage

Caspar David Friedrich: Frau am Abgrund (Holzschnitt, 1804)

fortgewandert, als ich auf einen kleinen Fußsteig geriet, der mich von der großen Straße immer mehr entfernte. Die Felsen um mich her gewannen jetzt eine andre, weit seltsamere Gestalt. Es waren Klippen, so aufeinander gepackt, dass es das Ansehn hatte, als wenn sie der erste Windstoß durcheinander werfen würde. Ich wusste nicht, ob ich weitergehen sollte. Ich hatte des Nachts immer im Walde geschlafen, denn es war gerade zur schönsten Jahreszeit, oder in abgelegenen Schäferhütten; hier traf ich aber keine menschliche Wohnung und konnte auch nicht vermuten, in dieser Wildnis auf eine zu stoßen; die Felsen wurden immer furchtbarer, ich musste oft dicht an schwindlichten Abgründen vorbeigehen, und endlich hörte sogar der Weg unter meinen Füßen auf. Ich war ganz trostlos, ich weinte und schrie, und in den Felsentälern hallte meine Stimme auf eine schreckliche Art zurück. Nun brach die Nacht herein, und ich suchte mir eine Moosstelle aus, um dort zu ruhen. Ich konnte nicht schlafen; in der Nacht hörte ich die seltsamsten Töne, bald hielt ich es für wilde Tiere, bald für den Wind, der durch die Felsen klagte, bald für fremde Vögel. Ich betete, und ich schlief nur spät gegen Morgen ein.

Ich erwachte, als mir der Tag ins Gesicht schien. Vor mir war ein steiler Felsen; ich kletterte in der Hoffnung hinauf, von dort den Ausgang aus der Wildnis zu entdecken und vielleicht Wohnungen oder Menschen gewahr zu werden. Als ich aber oben stand, war alles, so weit nur mein Auge reichte, ebenso wie um mich her, alles war mit einem neblichten Dufte überzogen, der Tag war grau und trübe, und keinen Baum, keine Wiese, selbst kein Gebüsch konnte mein Auge erspähn, einzelne Sträucher ausgenommen, die einsam und betrübt in engen Felsenritzen emporgeschossen waren. Es ist unbeschreiblich, welche Sehnsucht ich empfand, nur eines Menschen ansichtig zu werden, wäre es auch, dass ich mich vor ihm hätte fürchten müssen. Zugleich fühlte ich einen peinigenden Hunger, ich setzte mich nieder und beschloss zu sterben. Aber nach einiger Zeit trug die Lust zu leben dennoch den Sieg davon, ich raffte mich auf und ging unter Tränen, unter abgebrochenen Seufzern den ganzen Tag hindurch; am Ende war ich mir meiner kaum noch bewusst, ich war müde und erschöpft, ich wünschte kaum noch zu leben und fürchtete doch den Tod.

Gegen Abend schien die Gegend umher etwas freundlicher zu werden, meine Gedanken, meine Wünsche lebten wieder auf, die Lust zum Leben erwachte in allen meinen Adern. Ich glaubte jetzt das Gesause einer Mühle aus der Ferne zu hören, ich verdoppelte meine Schritte, und wie wohl, wie leicht ward mir, als ich endlich wirklich die Grenzen der öden Felsen erreichte; ich sah Wälder und Wiesen mit fernen, angenehmen Bergen wieder vor mir liegen. Mir war, als wenn ich aus der Hölle in ein Paradies getreten wäre, die Einsamkeit und meine Hülflosigkeit schienen mir nun gar nicht fürchterlich.

aus: Ludwig Tieck: Der blonde Eckbert, Reclam jun. Leipzig 1986, S. 6 f.

Mit dem 1797 erschienen Märchen **„Der blonde Eckbert"** begann Tiecks Hinwendung zur Romantik. Es ist die Geschichte von der durch Schuld geprägten Ehe eines Geschwisterpaares. Das Märchen endet nicht mit einem versöhnlichen Schluss, sondern das Paar geht unter. In diesem Märchen wird die Wirklichkeit aufgelöst, der Leser in die Gefühlswelt der Hauptgestalten verstrickt. Sprachlich werden die Themen der romantischen Märchen ausgebreitet, die Stimmungen der Seele werden in der Landschaft wiedergespiegelt.

1 Unterstreichen Sie die Stationen von Berthas Flucht im Text.
2 Erstellen Sie eine Zeichnung, die grob die Stationen ihres Weges wiedergibt.
3 Beschreiben Sie anhand der Zeichnung den Weg, den Bertha geht, und interpretieren Sie diesen als Zustand ihrer Seele zwischen Harmonie und Disharmonie.
4 Deuten Sie diesen Lebensabschnitt.

Referat: „Der blonde Eckbert"
Schwerpunkte:
1. Elemente der Spukgeschichte und des Märchens
2. Die Ambivalenz der romantischen Seele und der Handlungsorte

Das Märchen im romantischen Verständnis:
Weil Märchen einer kindlichen Stufe der Menschheit angehören, kann man durch sie zur Ursprünglichkeit vordringen. Die Welt wird verzaubert, der Blick auf sie verfremdet. Das ganze bekannte Personal der Märchen wird bemüht, die Sprache kindlich und einfach gehalten. So sind auch die Darstellungen der Brüder Grimm ihrer Sprache nach wohl weniger Abbild mündlicher Tradition als eine eigene literarisch geprägte Gattung. Märchengestalten werden im Volksmärchen, aber auch im Kunstmärchen zum Leben erweckt, die eine magische Bewältigung der Welt möglich machen.
Naivität und Zauber, Kindlichkeit und Ursprünglichkeit sind die Zugänge, die die Dichter den Lesern gewähren wollen, um ihnen das Reich der Phantasie und des Inneren nahe zu bringen. Gleichzeitig bleibt der Stoff mit einem Augenzwinkern erkennbar als Lust an Spiel und Scherz, die aber die tiefere Bedeutung und den ursprünglichen Sinn der Welt deuten helfen.
„Alle Märchen sind nur Träume von jener heimatlichen Welt, die überall und nirgends ist. Die höhern Mächte in uns, die einst als Genien unseren Willen vollbringen werden, sind jetzt Musen, die uns auf dieser mühseligen Laufbahn mit süßen Erinnerungen erquicken." (Novalis)

5.3 Märchen und Spukgeschichten

Novalis: Märchen von Hyazinth und Rosenblüt

Vor langen Zeiten lebte weit gegen Abend ein blutjunger Mensch. Er war sehr gut, aber auch über die Maßen wunderlich. Er grämte sich unaufhörlich um nichts und wieder nichts, ging immer still für sich hin, setzte sich einsam, wenn die andern spielten und fröhlich waren, und hing seltsamen Dingen nach. Höhlen und Wälder waren sein liebster Aufenthalt, und dann sprach er immerfort mit Tieren und Vögeln, mit Bäumen und Felsen, natürlich kein vernünftiges Wort, lauter närrisches Zeug zum Totlachen. Er blieb aber immer mürrisch und ernsthaft, ungeachtet sich das Eichhörnchen, die Meerkatze, der Papagei und der Gimpel alle Mühe gaben ihn zu zerstreuen und ihn auf den richtigen Weg zu weisen. [...]
Allein der Missmut und Ernst waren hartnäckig. Seine Eltern waren sehr betrübt, sie wussten nicht, was sie anfangen sollten. Er war gesund und aß, nie hatten sie ihn beleidigt, er war auch bis vor wenig Jahren fröhlich und lustig gewesen wie keiner; bei allen Spielen voran, von allen Mädchen gern gesehn. Er war recht bildschön, sah aus wie gemalt, tanzte wie ein Schatz. Unter den Mädchen war eine, ein köstliches, bildschönes Kind, sah aus wie Wachs, Haare wie goldne Seide, kirschrote Lippen, wie ein Püppchen gewachsen, brandrabenschwarze Augen. Wer sie sah, hätte mögen vergehn, so lieblich war sie. Damals war Rosenblüte, so hieß sie, dem bildschönen Hyazinth, so hieß er, von Herzen gut, und er hatte sie lieb zum Sterben. [...]
Nun begab sich's, dass er einmal nach Hause kam und war wie neugeboren. Er fiel seinen Eltern um den Hals und weinte. „Ich muss fort in fremde Lande", sagte er, „die alte wunderliche Frau im Walde hat mir erzählt, wie ich gesund werden müsste, das Buch hat sie ins Feuer geworfen und hat mich getrieben, zu euch zu gehn und euch um euren Segen zu bitten. Vielleicht komme ich bald, vielleicht nie wieder. Grüßt Rosenblütchen. Ich hätte sie gern gesprochen, ich weiß nicht, wie mir ist, es drängt mich fort; wenn ich an die alten Zeiten zurückdenken will, so kommen gleich mächtigere Gedanken dazwischen, die Ruhe ist fort, Herz und Liebe mit, ich muss sie suchen gehn. Ich wollt' euch gern sagen, wohin, ich weiß selbst nicht, dahin wo die Mutter der Dinge wohnt, die verschleierte Jungfrau. Nach der ist mein Gemüt entzündet. Lebt wohl." Er riss sich los und ging fort. [...]
Hyazinth lief nun, was er konnte, durch Täler und Wildnisse, über Berge und Ströme, dem geheimnisvollen Lande zu. Er fragte überall nach der heiligen Göttin (Isis), Menschen und Tiere, Felsen und Bäume. Manche lachten, manche schwiegen, nirgends erhielt er Bescheid. Im Anfange kam er durch raues, wildes Land, Nebel und Wolken warfen sich ihm in den Weg, es stürmte immerfort; dann fand er unabsehliche Sandwüsten, glühenden Staub, und wie er wandelte, so veränderte sich auch sein Gemüt, die Zeit wurde ihm lang und die innere Unruhe legte sich, er wurde sanfter und das gewaltige Treiben in ihm allgemach zu einem leisen, aber starken Zuge, in den sein ganzes Gemüt sich auflöste. Es lag wie viele Jahre hinter ihm. Nun wurde die Gegend auch wieder reicher und mannigfaltiger, die Luft lau und blau, der Weg ebener, grüne Büsche lockten ihn mit anmutigem Schatten, aber er verstand ihre Sprache nicht, sie schienen auch nicht zu sprechen, und doch erfüllten sie auch sein

Herz mit grünen Farben und kühlem, stillem Wesen. Immer höher wuchs jene süße Sehnsucht in ihm, und immer breiter und saftiger wurden die Blätter, immer lauter und lustiger die Vögel und Tiere, balsamischer die Früchte, dunkler der Himmel, wärmer die Luft, und heißer seine Liebe, die Zeit ging immer schneller, als sähe sie sich nahe am Ziele. [...]
Hyazinth kam endlich zu jener längst gesuchten Wohnung, die unter Palmen und andern köstlichen Gewächsen versteckt lag. Sein Herz klopfte in unendlicher Sehnsucht, und die süßeste Bangigkeit durchdrang ihn in dieser Behausung der ewigen Jahreszeiten. Unter himmlischen Wohlgedüften entschlummerte er, weil ihn nur der Traum in das Allerheiligste führen durfte. Wunderlich führte ihn der Traum durch unendliche Gemächer voll seltsamer Sachen auf lauter reizenden Klängen und in abwechselnden Akkorden. Es dünkte ihm alles so bekannt und doch in nie gesehener Herrlichkeit, da schwand auch der letzte irdische Anflug, wie in Luft verzehrt, und er stand vor der himmlischen Jungfrau, da hob er den leichten, glänzenden Schleier, und Rosenblütchen sank in seine Arme. Eine ferne Musik umgab die Geheimnisse des liebenden Wiedersehns, die Ergießungen der Sehnsucht, und schloss alles Fremde von diesem entzückenden Orte aus. Hyazinth lebte nachher noch lange mit Rosenblütchen unter seinen frohen Eltern und Gespielen, und unzählige Enkel dankten der alten wunderlichen Frau für ihren Rat und ihr Feuer; denn damals bekamen die Menschen so viel Kinder, als sie wollten.

aus: Novalis, Schriften, a.a.O., S. 91

1 Benennen Sie die typische Märchenelemente dieses Textes.
2 Nennen Sie Unterschiede zum Volksmärchen.

Referat: Volksmärchen und romantische Kunstmärchen

E. T. A. Hoffmann: Spukgeschichte

[...] Adelgunde war sonst das blühendste, munterste Kind, das man nur sehen konnte. Ihr vierzehnter Geburtstag wurde gefeiert; eine Menge Gespielinnen waren dazu eingeladen. – Die sitzen in dem schönen Boskett des Schlossgartens im Kreise umher und scherzen und lachen und kümmern sich nicht darum, dass immer finstrer und finstrer der Abend heraufzieht, da die lauen Juliuslüfte erquickend wehen und erst jetzt ihre Lust recht aufgeht. In der magischen Dämmerung beginnen sie allerlei seltsame Tänze, indem sie Elfen und andere flinke Spukgeister vorstellen wollen. „Hört", ruft Adelgunde, als es im Boskett ganz finster geworden, „hört, Kinder, nun will ich euch einmal als die weiße Frau erscheinen, von der unser alter, verstorbener Gärtner so oft erzählt hat. Aber da müsst ihr mit mir kommen bis ans Ende des Gartens, dorthin, wo das alte Gemäuer steht." – Und damit wickelt sie sich in ihren weißen Schal und schwebt leichtfüßig fort durch den Laubgang, und die Mädchen laufen ihr nach in vollem Schäkern und Lachen. Aber kaum ist Adelgunde an das alte, halb eingefallene Gewölbe gekommen, als sie erstarrt – gelähmt an allen Gliedern stehen bleibt. Die Schlossuhr schlägt neun. „Seht ihr nichts", ruft Adelgunde mit dem dumpfen, hohlen Ton des tiefsten Entsetzens, „seht ihr nichts – die Gestalt – die dicht vor mir steht – Jesus! – Sie streckt die Hand nach mir aus – seht ihr denn nichts?" – Die Kinder sehen nicht das mindeste, aber alle erfasst Angst und Grauen. Sie rennen fort bis auf eine, die, die beherzteste, sich ermutigt, auf Adelgunden zuspringt, sie in die Arme fassen will. Aber in dem Augenblick sinkt Adelgunde todähn-

Hoffmanns „Spukgeschichte":
Hoffmanns Kunstgriff bei der Darstellung des Übersinnlichen besteht in der Verwendung von Perspektivwechseln und ironischer Distanz. Der Leser soll verunsichert und seine Wahrnehmung infrage gestellt werden. Die Sicherheit des Beobachters schwindet so zunehmend. Hoffmann stützt sich durchaus auf Strömungen der Zeit, die sich mit rational nicht erklärbaren Zusammenhängen befassten. Indem er einer rationalen Handlung eine parallel verlaufende Spukhandlung gegenüberstellt, spielt er mit der Verschränkung der Welten. Gemeinsam mit dem Leser bewegt er sich auf der Grenzlinie zwischen Sinnlichem und Übersinnlichem. Damit werden für den Leser die übersinnlichen Kräfte nicht nur als möglich beschrieben, sondern sie werden, indem sie in die rationale Handlung hineinragen, gleichsam begründet.

lich zu Boden. Auf des Mädchens gellendes Angstgeschrei eilt alles aus dem Schlosse herzu. Man bringt Adelgunde hinein. Sie erwacht endlich aus der Ohnmacht und erzählt, an allen Gliedern zitternd, dass, kaum sei sie vor das Gewölbe getreten, dicht vor ihr eine luftige Gestalt, wie in Nebel gehüllt, gestanden und die Hand nach ihr ausgestreckt habe. – Was war natürlicher, als dass man die ganze Erscheinung den wunderbaren Täuschungen des dämmernden Abendlichts zuschrieb. Adelgunde erholte sich in derselben Nacht so ganz und gar von ihrem Schreck, dass man durchaus keine bösen Folgen befürchtete, sondern die ganze Sache für völlig abgetan hielt. – Wie ganz anders begab sich alles! – Kaum schlägt es den Abend darauf neun Uhr, als Adelgunde mitten in der Gesellschaft, die sie umgibt, entsetzt aufspringt und ruft: „Da ist es – da ist es – seht ihr denn nichts! – Dicht vor mir steht es!" – Genug, seit jenem unglückseligen Abende behauptete Adelgunde, so wie es abends neune schlug, dass die Gestalt dicht vor ihr stehe und einige Sekunden weile, ohne dass irgendein Mensch außer ihr auch nur das mindeste wahrnehmen konnte oder in irgendeiner psychischen Empfindung die Nähe eines unbekannten geistigen Prinzips gespürt haben sollte.
[...] – Endlich machte der Obrist die Bekanntschaft eines berühmten Arztes, der in dem Ruf stand, Wahnsinnige auf eine überaus pfiffige Weise zu heilen. Als der Obrist diesem entdeckt hatte, wie es sich mit der armen Adelgunde begebe, lachte er laut auf und meinte, nichts sei leichter, als diesen Wahnsinn zu heilen, der bloß in der überreizten Einbildungskraft seinen Grund finde. Die Idee der Erscheinung des Gespenstes sei mit dem Ausschlagen der neunten Abendstunde so fest verknüpft, dass die innere Kraft des Geistes sie nicht mehr trennen könne, und es käme daher nur darauf an, diese Trennung von außen her zu bewirken. Dies könne aber nun wieder sehr leicht dadurch geschehen, dass man das Fräulein in der Zeit täusche und die neunte Stunde vorübergehen lasse, ohne dass sie es wisse. Wäre dann das Gespenst nicht erschienen, so würde sie selbst ihren Wahn einsehen, und physische Erkräftigungsmittel würden dann die Kur glücklich vollenden. – Der unselige Rat wurde ausgeführt! – In einer Nacht stellte man sämtliche Uhren im Schlosse, ja selbst die Dorfuhr, deren dumpfe Schläge herabsummten, um eine Stunde zurück, so dass Adelgunde, sowie sie am frühen Morgen erwachte, in der Zeit um eine Stunde irren musste. Der Abend kam heran. Die kleine Familie war wie gewöhnlich in einem heiter verzierten Eckzimmer versammelt, kein Fremder zugegen. Die Obristin bemühte sich, allerlei Lustiges zu erzählen; der Obrist fing an, wie es seine Art war, wenn er vorzüglich bei Laune, die alte Französin ein wenig aufzuziehen, worin ihm Auguste (das ältere Fräulein) beistand. Man lachte, man war fröhlicher als je. – Da schlägt die Wanduhr achte (es war also die neunte Stunde) und leichenblass sinkt Adelgunde in den Lehnsessel zurück – das Nähzeug entfällt ihren Händen! Dann erhebt sie sich, alle Schauer des Entsetzens im Antlitz, starrt hin in des Zimmers öden Raum, murmelt dumpf und hohl: – „Was! – Eine Stunde früher? – Ha, seht ihr's? – Da steht es dicht vor mir – dicht vor mir!" – Alle fahren auf, vom Schrecken gefasst, aber als niemand auch nur das mindeste gewahrt, ruft der Obrist: „Adelgunde! – Fasse dich! – Es ist nichts, es ist ein Hirngespinst, ein Spiel deiner Einbildungskraft, was dich täuscht, wir sehen nichts, gar nichts, und müssten wir, ließe sich wirklich dicht vor dir eine Gestalt erschauen, müssten wir sie nicht ebenso gut wahrnehmen wie du? – Fasse dich – fasse dich, Adelgunde!" – „O Gott – o Gott", seufzte Adelgunde, „will man mich

denn wahnsinnig machen! – Seht, da streckt es den weißen Arm lang aus nach mir – es winkt." – Und wie willenlos unverwandten, starren Blickes, greift nun Adelgunde hinter sich, fasst einen kleinen Teller, der zufällig auf dem Tische steht, reicht ihn vor sich hin in die Luft, lässt ihn los – und der Teller, wie von unsichtbarer Hand getragen, schwebt langsam im Kreise der Anwesenden umher und lässt sich dann leise auf den Tisch nieder! – Die Obristin, Auguste lagen in tiefer Ohnmacht, der ein hitziges Nervenfieber folgte. Der Obrist nahm sich mit aller Kraft zusammen, aber man merkte wohl an seinem verstörten Wesen die tiefe feindliche Wirkung jenes unerklärlichen Phänomens.

aus: E.T.A Hoffmann: Poetische Werke, Band III, Die Serapionsbrüder, Aufbau-Verlag, Berlin 1958, S. 405

1 Nennen Sie Elemente, die die Spukgeschichte kennzeichnen.
2 Erarbeiten Sie anhand der Sachtexte in der Randspalte die unterschiedlichen Funktionen, in denen Märchen und Spukgeschichte irrationale Elemente verwenden.
3 Zeigen Sie anhand der beiden Texte auf, inwiefern Märchen und Spukgeschichte unterschiedlich konstruiert sind.

5.4 E.T.A Hoffmann: Der Sandmann

Goethe hat in seinen Äußerungen über die romantische Dichtung vor allem die geistigen Gefährdungen gesehen, denen die Dichter beim Verfassen und die Rezipienten bei der Lektüre ausgesetzt waren. Schubert redet, weil ihm der Begriff des Unbewussten noch nicht bekannt ist, von den „Nachtseiten der Natur". Diese hat vor allem E.T.A. Hoffmann in seinen „Nachtstücken" dargestellt. In seinem Vorwort zu „Die Elixiere des Teufels" sagt er, es könne „das, was wir insgemein Traum und Einbildung nennen, wohl die symbolische Erkenntnis des geheimen Fadens sein, der sich durch unser Leben zieht". Sein in diesem Zusammenhang wohl wichtigstes Werk ist „Der Sandmann".

1 Lesen Sie das Werk.
2 Bearbeiten Sie in Gruppen die folgenden Themen. Stellen Sie sich Karteikartchen her, mit deren Hilfe Sie kurze Ausführungen machen können:
- Clara und Nathanael: die Vertreterin der Aufklärung und der romantische Künstler
- der Sandmann und seine Bedeutung für Nathanael (Coppola, Coppelius)
- das Augenmotiv: Wahrnehmung der Realität und der Seele – Spiegelung der Innenwelt
- das Unbewusste: die Ängste Nathanaels und ihre Ursachen
- die Einheit von Leib und Seele: Nathanaels Wahnsinn – Auseinanderfallen von Wahrnehmung und Wirklichkeit
- Bürger und Künstler: zwei Lebenswelten

Referat: Eine Schauergestalt wird geboren: Frankenstein

1 Lässt sich aus dem Bildern des Comics die gesamte Geschichte erzählen?
2 Beschreiben Sie, welche Elemente der Erzählung der Comiczeichner aufgreift und wie er sie darstellt.
3 Können sie die Auffassung Goethes teilen, solche Stoffe nicht zum Gegenstand von Literatur zu machen?

Referat: Filmische Umsetzung von Bildern C. D. Friedrichs im Film „Nosferatu".
Der 1922 von Friedrich Murnau gedrehte Stummfilm „Nosferatu" zeigt auffällig viele Elemente, die an die romantische Tradition erinnern. Als Kunsthistoriker hat der Regisseur an einigen Stellen (Meer, Segelschiff, Gebirge) bei der filmischen Umsetzung auf die Bilder C. D. Friedrichs zurückgegriffen. Besorgen Sie sich einen Bildband des Malers und sichen Sie Entsprechungen von Filmbild und Malerei heraus. Zeigen sie auch, wie die Umsetzungder Handlung im romantischen Sinne erfolgte.

Der Sandmann gezeichnet von Dino Battaglia, Altamira Verlag 1990

Fahre zu! Ich mag nicht fragen, wo die Fahrt zuende geht!

6 Reisen zum Ich

Reise um die Welt (Würfelspiel, Neuruppiner Bilderbogen der Firma Gustav Kühn)

Betrachten Sie das abgebildete Spiel und formulieren Sie Assoziationen, die Ihnen dabei zum Thema „Reisen" einfallen.

Reisen gehört im Verlauf des 17.Jahrhunderts immer mehr zum bürgerlichen Bildungsgang. Zwar waren die Entfernungen bescheiden – eine Reise ins ferne Italien blieb teuer und ein langwieriges Unternehmen, das mehrere Monate in Anspruch nahm. Aber für die gebildeten Bürger war es ein Schritt auf dem Weg zu mehr Humanität und Welterkenntnis. Nur so konnte man dem eigenen engen Erfahrungsraum entgehen. Dabei kam es jedoch immer stärker zu einer „Vertikalisierung des Reisens": Die Bewegung im Raum erzeugt Seelenbewegung, eine Bewegung hin zum Ich. Das Reisen fördert die Begegnung mit sich selbst. Bald schon bedurfte es nicht mehr der konkreten Bewegung, sondern Vorstellung und Sehnsucht, das Spiel mit der Realität genügten, um innere Reiseräume zu eröffnen. Spiele wie das umseitig abgebildete kamen gerade bei den Zuhausebleibenden zunehmend in Mode.

„Die romantische Mentalität ist nicht nur – wie bei Goethe- durch immanente Sinnlichkeit (Genuss im Hier und Nun) charakterisiert; sie ist durch ‚aufgehobene' Sensualität bestimmt. Das Gegenwärtige wird zugunsten des Zukünftigen aufgehoben (überwunden); das Diesseitige aufs Jenseitige hin aufgehoben (erhöht). [...] Der Postillion, der in sein Horn stößt, intoniert die Musik zu solcher Aufhebung. Das Hier- und Hiesig-Sein wird als Option auf Heimat in die Ferne projiziert. Die Überwindung des Raumes, vom Fernweh beflügelt, transzendiert auf Höheres. Wenn der Lockruf zum Aufbruch ertönt, wird Welt ‚romantisiert' erfahren, dem Gemeinen ist hoher Sinn, dem Gewöhnlichen ein geheimnisvolles Ansehen, dem Bekannten die Würde des Unbekannten, dem Endlichen ein unendlicher Schein verliehen' (Novalis). Der Postillion als romantische Wunschfigur, in den sich die Poeten ‚hineindichten erweist' sich als Symbol für eine Freiheit, die immerfort ins Unbekannte aufbricht. [...] Die ‚ferne Heimat' ist ein ambivalenter Topos: sie liegt in dem, was man als Zufall erhofft: Option auf zeitweilige Geborgenheit. Im Aufbruch wird man schuldig – an den Zurückbleibenden, Zurückgebliebenen. Würde man jedoch nicht aufbrechen, ließe man die Rätsel der Welt ungelöst, bliebe Dasein unerlöst."

aus: Hermann Glaser, Thomas Werner: Die Post in ihrer Zeit. Eine Kulturgeschichte menschlicher Kommunikation. R. v. Decker's Verlag, Heidelberg 1990, S. 136ff.

6.1 Wem Gott will rechte Gunst erweisen

Joseph von Eichendorff: Frische Fahrt (1815)

Laue Luft kommt blau geflossen,
Frühling, Frühling soll es sein!
Waldwärts Hörnerklang geschossen,
Mutger Augen lichter Schein;
Und das Wirren bunt und bunter
Wird ein magisch wilder Fluss,
In die schöne Welt hinunter
Lockt dich dieses Stromes Gruß.
Und ich mag mich nicht bewahren!
Weit von euch treibt mich der Wind,
Auf dem Strome will ich fahren,
Von dem Glanze selig blind!
Tausend Stimmen lockend schlagen,
Hoch Aurora flammend weht,
Fahre zu! Ich mag nicht fragen,
Wo die Fahrt zu Ende geht!

aus: Joseph von Eichendorff: Werke in sechs Bänden. Bd.1, herausgegeben von Hartwig Schultz, Deutscher Klassiker Verlag, Frankfurt a.M. 1985, S.119f.

1 Geben Sie Ziele der Reise des lyrischen Ichs an.
2 Welche Bedeutung hat die Natur für die Reise? Beachten Sie
- die Jahreszeit,
- die Sicht auf die Wirklichkeit,
- die Sinneseindrücke und
- das Verhältnis von Gemeinschaft und Ich.

3 Verfolgen Sie den Gedanken der Reise als Metapher weiter.

Gottfried Benn: Reisen (1950)

Meinen Sie, Zürich zum Beispiel
sei eine tiefere Stadt,
wo man Wunder und Weihen
immer als Inhalt hat?

Meinen Sie, aus Habana,
weiß und hibiskusrot,
bräche ein ewiges Manna
für Ihre Wüstennot?

Bahnhofsstraßen und rue'en,
Boulevards, Lidos, Laan –
selbst auf den Fifth Avenuen
fällt Sie die Leere an –

Ach, vergeblich das Fahren!
Spät erst erfahren Sie sich:
bleiben und Stille bewahren
das sich umgrenzende Ich.

7 Hibiskus: Blumenstrauch
8 Manna: essbare pflanzliche Masse, austretend aus der Rinde der Manna- oder Blumenesche, als kalifornisches Manna aus angebrannten Bäumen der Zuckerkiefer, als persisches Manna aus zwei Dornsträuchern. In der Bibel ernährt Manna das hungernde Volk Israel in der Wüste.
10 rue: frz. Straße
11 Boulevards: Plural, niederl.-franz. für breite [Ring-]straße.
11 Lido: lat.-it. Strand von abgetrennten Meeresteilen
11 Laan dän. Straße
12 Fifth avenue: belebte Straße in New York, Manhattan

zit. nach: Echtermeyer, a.a.O., S. 609

1 Auf welche Orte sind die Grunderfahrungen der Menschen im 20. Jahrhundert im Gegensatz zur Weltsicht der Romantiker beschränkt?

2 Benn formuliert gegenüber dem Reisen eine Absage. Deuten Sie diese im Zusammenhang mit der Reiselust des Menschen und dessen Sinnsuche.
- Nehmen Sie die Begriffe „Wüstennot" und „göttliches Manna" zu Hilfe.
- Beachten Sie die Aufzählung der Straßen.
- Deuten Sie das Wortspiel „fahren – erfahren".

3 Vergleichen Sie die beiden Gedichte von Eichendorff und Benn hinsichtlich ihrer Aussagen.
Inwiefern lässt sich eine gedankliche Linie von den Gefühlen Eichendorffs zur Position Benns ziehen? Zeichnen Sie die Bewegung des Ichs beim Reisen nach.

6.2 Vom Blick aus der Postkutsche zum panoramatischen Sehen

panoramatisches Sehen: Bezeichnung für eine neue Sichtweise auf Landschaften. Der Blick auf das Detail wird abgelöst von der Wahrnehmung ganzer Landschaftspanoramen, wie es durch die Geschwindigkeit, mit der sich die Eisenbahn bewegt, möglich wird. Das Sehen wird „industrialisiert" (Wolfgang Schivelbusch).

„Bei heiterem Wetter kamen wir Dienstag früh auf den Kamm des Gebirges hinter *Liebau*, welches sehr schön auf dem höchsten, weiten Tale liegt, übrigens eine Weberstadt ist, wie die meisten im Gebirge. Bald flossen nun alle Bäche und Wasser, die bisher der *Oder* zugingen, nach *Böhmen* herüber, und wir fuhren über die Grenze, wo unsere Pässe zum ersten Mal beschaut wurden. Der Weg geht diesseits ziemlich eben so herab, wie jenseits hinauf, und der Anblick und die Art des Gebirges bleibt dieselbe [...]. Bald war der Weg, der erst gebaut wird, schlimm, und immer schlimmer je näher heran an *Trautenau*, das kürzlich größtenteils abgebrannt ist, aber meist auch schon wieder aufgebaut ist [...]. Weiter wurde der Weg furchtbar, über stufenartige Schieferberge, so dass wir zwei Meilen bis *Arnau* wandern mussten; was uns, nach wenig Schlaf und bei großer Hitze, sehr sauer ankam."

(Johann Wolfgang von Goethe: Schweizer Reise, 1797)

„Die Blumen am Feldrain sind keine Blumen mehr, sondern Farbflecke, oder vielmehr rote oder weiße Streifen; es gibt keinen Punkt mehr, alles wird Streifen; die Getreidefelder werden zu langen gelben Strähnen; die Kleefelder erscheinen wie lange grüne Zöpfe; die Städte, die Kirchtürme und die Bäume führen einen Tanz auf und vermischen sich auf eine verrückte Weise mit dem Horizont; ab und zu taucht ein Schatten, eine Figur, ein Gespenst an der Tür auf und verschwindet wie der Blitz, das ist der Zugschaffner"

(Victor Hugo: Brief, 1837)

alle Texte aus: Wolfgang Schivelbusch: Geschichte der Eisenbahnreise. Fischer Taschenbuch, Lizenz Carl Hanser, Frankfurt/M. 1989, S. 51ff.

„In wenigen Stunden führt sie Ihnen ganz Frankreich vor, vor Ihren Augen entrollt sie das gesamte Panorama, eine schnelle Aufeinanderfolge lieblicher Bilder und immer neuer Überraschungen. Sie zeigt Ihnen lediglich das Wesentliche einer Landschaft, wahrlich ein Künstler im Stil der alten Meister. Verlangen Sie keine Details von ihr, sondern das Ganze, in dem das Leben ist. Schließlich, nachdem sie Sie durch den Schwung des Koloristen entzückt hat, hält sie an und entlässt Sie an Ihrem Ziel."

(Jules Clarétie: Voyages d'un Parisien, 1865)

Hans v. Schmidt: Ankunft der Alpenpost von Partenkirchen nach Innsbruck (Kaltnadelradierung, 1888)

J. Baumhauer: Eisenbahn bei Nacht (Nächtliche Fahrt der „Adler")

Joseph Mallord William Turner: Regen, Dampf und Geschwindigkeit – die große Westbahn (1843)

Hans Baluschek: Eisenbahn in Stadtlandschaft (um 1890)

1 Wie die Wahrnehmung der Landschaft sich mit der Benutzung unterschiedlicher Verkehrsmittel ändert, zeigen die vorstehenden Texte. Beschreiben Sie diese Veränderung in einer Tabelle.

	1797	1837	1865
durch den Reisenden wahrgenommene Details	...	...	...
Art der Wahrnehmung	...	...	...

2 Beschreiben Sie das Verhältnis von Verkehrsmittel und Umgebung in den vier Bildern.
- Kutsche und Eisenbahn werden in den ersten beiden Bildern zunächst ähnlich gesehen. Woran liegt das?
- Warum wählt der Maler die Nacht als Zeit für die Darstellung der Eisenbahn?
- Welche Bedeutung könnten die drei Kreuze haben?
- Deuten Sie die Eisenbahn im romantischen Sinne als Metapher.

3 Wie wird das Verhältnis von Mensch/Umgebung und Maschine in den Eisenbahnbildern deutlich? Achten Sie auf
- Größenverhältnisse,
- Perspektive,
- Dynamik/Bewegung/Geschwindigkeit,
- Lichtdarstellung/Atmosphäre/Stimmung.

4 Turner versucht in seinem Bild die vierte Dimension (Zeit) wiederzugeben. Durch welche Mittel der Darstellung gelingt ihm das?

5 Lassen sich die Bilder einigen der vorangehenden Textstellen zuordnen? Orientieren Sie sich an der unterschiedlichen Darstellung der Landschaft und der Geschwindigkeit.

6 Formulieren Sie anhand der Bilder und Texte eine abschließende These dazu, wie sich die Sehweise der Menschen durch die Technisierung von der Romantik bis heute verändert hat.

6.3 Der Traum von der blauen Blume

Novalis: Heinrich von Ofterdingen. Der Traum von der blauen Blume

Die Eltern lagen schon und schliefen, die Wanduhr schlug ihren Takt, vor den klappernden Fenstern sauste der Wind; abwechselnd wurde die Stube hell von dem Schimmer des Mondes. Der Jüngling lag unruhig auf seinem Lager und gedachte des Fremden und seiner Erzählungen. „Nicht die Schätze sind es, die ein so unaussprechliches Verlangen in mir geweckt haben", sagte er zu sich selbst, „fernab liegt mir alle Habsucht: aber die blaue Blume sehn ich mich zu erblicken. Sie liegt mir unaufhörlich im Sinn und ich kann nichts anders dichten und denken. So ist mir noch nie zumute gewesen: es ist, als hätt ich vorhin geträumt, oder ich wäre in eine andere Welt hinübergeschlummert; denn in der Welt, in der ich sonst lebte, wer hätte da sich um Blumen bekümmert, und gar von einer so seltsamen Leidenschaft für eine Blume hab ich damals nie gehört. [...] Es

Philipp Otto Runge: Indianerwurzel und Nelken (um 1805, Scherenschnitt)

ist mir oft so entzückend wohl, und nur dann, wenn ich die Blume nicht recht gegenwärtig habe, befällt mich so ein tiefes inniges Treiben: das kann und wird keiner verstehn. [...]"

Der Jüngling verlor sich allmählich in süßen Phantasien und entschlummerte. Da träumte ihm erst von unabsehbaren Fernen und wilden, unbekannten Gegenden. Er wanderte über Meere mit unbegreiflicher Leichtigkeit; wunderliche Tiere sah er [...].

Endlich gelangte er zu einer kleinen Wiese, die am Hange des Berges lag. Hinter der Wiese erhob sich eine hohe Klippe, an deren Fuß er eine Öffnung erblickte, die der Anfang eines in den Felsen gehauenen Ganges zu sein schien. Der Gang führte ihn gemächlich eine Zeit lang eben fort bis zu einer großen Weitung, aus der ihm schon von fern ein helles Licht entgegenglänzte. Wie er hineintrat, ward er einen mächtigen Strahl gewahr, der wie aus einem Springquell bis an die Decke des Gewölbes stieg und oben in unzähligen Funken zerstäubte, die sich unten in einem großen Becken sammelten, der Strahl glänzte wie entzündetes Gold; nicht das mindeste Geräusch war zu hören, eine heilige Stille umgab das herrliche Schauspiel. Er näherte sich dem Becken, das mit unendlichen Farben wogte und zitterte [...].

Er tauchte seine Hand in das Becken und benetzte seine Lippen. Es war, als durchdränge ihn ein geistiger Hauch, und er fühlte sich innigst gestärkt und erfrischt. Ein unwiderstehliches Verlangen ergriff ihn, sich zu baden, er entkleidete sich und stieg in das Becken. Es dünkte ihn, als umflösse ihn eine Wolke des Abendrots; eine himmlische Empfindung überströmte sein Inneres; mit inniger Wollust strebten unzählbare Gedanken in ihm sich zu vermischen; neue, nie gesehene Bilder entstanden, die auch ineinander flossen und zu sichtbaren Wesen um ihn wurden, und jede Welle des lieblichen Elements schmiegte sich wie ein zarter Busen an ihn. Die Flut schien eine Auflösung reizender Mädchen, die an dem Jünglinge sich augenblicklich verkörperten.

Berauscht von Entzücken und doch jedes Eindrucks bewusst, schwamm er gemach dem leuchtenden Strome nach, der aus dem Becken in den Felsen hineinfloss. Eine Art von süßem Schlummer befiel ihn, in welchem er unbeschreibliche Begebenheiten träumte und woraus ihn eine andere Erleuchtung weckte. Er fand sich auf einem weichen Rasen am Rande einer Quelle, die in die Luft hinausquoll und sich darin zu verzehren schien. Dunkelblaue Felsen mit bunten Adern erhoben sich in einiger Entfernung; das Tageslicht, das ihn umgab, war heller und milder als das gewöhnliche, der Himmel war schwarzblau und völlig rein. Was ihn aber mit voller Macht anzog, war eine hohe lichtblaue Blume, die zunächst an der Quelle stand und ihn mit ihren breiten, glänzenden Blättern berührte [...]. Er sah nichts als die blaue Blume und betrachtete sie lange mit unnennbarer Zärtlichkeit. Endlich wollte er sich ihr nähern, als sie auf einmal sich zu bewegen und zu verändern anfing; die Blätter wurden glänzender und schmiegten sich an den wachsenden Stängel, die Blume neigte sich nach ihm zu und die Blütenblätter zeigten einen blauen ausgebreiteten Kragen, in welchem ein zartes Gesicht schwebte. Sein süßes Staunen wuchs mit der sonderbaren Verwandlung, als ihn plötzlich die Stimme seiner Mutter weckte und er sich in der elterlichen Stube fand, die schon die Morgensonne vergoldete. [...]

aus: Novalis, Schriften, a.a.O., S. 195 ff.

1 Erklären Sie die Bedeutung der blauen Blume für den Protagonisten der Geschichte.

2 Die blaue Blume wurde zum zentralen Symbol der Romantik. Deuten Sie dieses Symbol.

3 Überlegen Sie, welche Ursache die unstete Suche der Romantiker haben könnte.

4 In der Graphik der Blume finden Sie zwölf zentrale Begriffe der romantischen Weltanschauung. Ordnen Sie diese Begriffe als Überschriften den folgenden Textfragmenten zu.

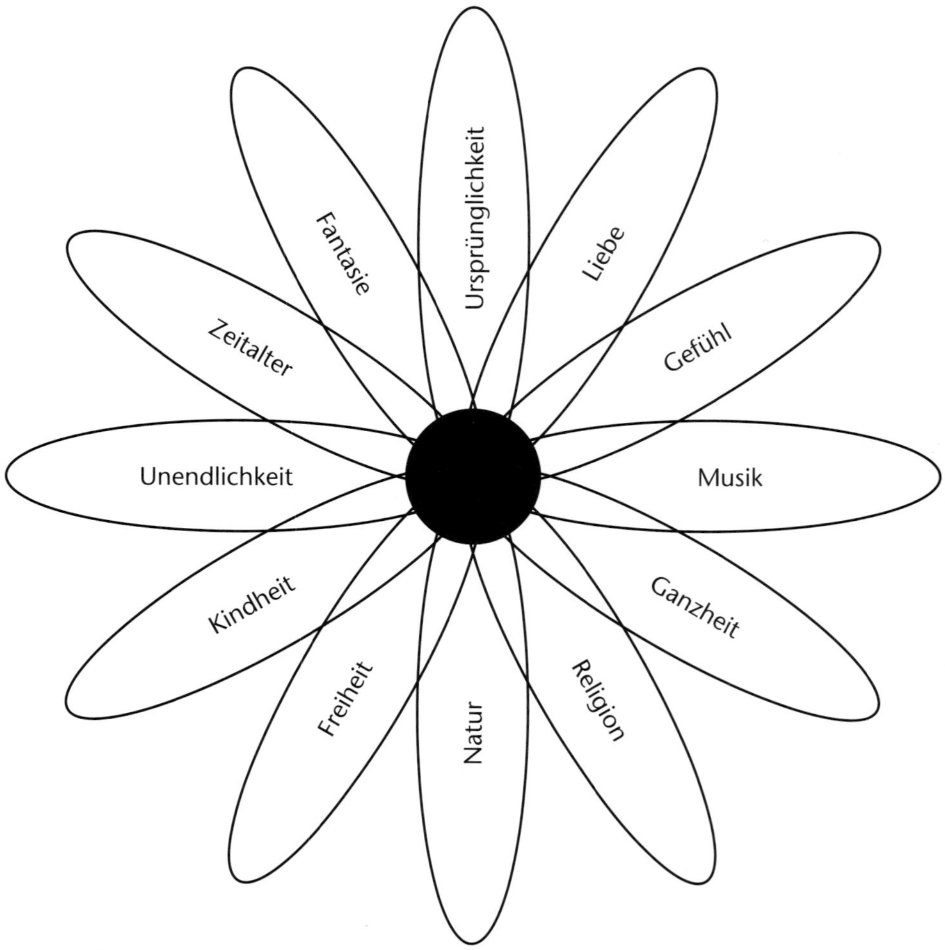

1._______________

„Die Nacht hat etwas Zauberisches, was kein Tag hat; so etwas Grenzenloses, Inniges, Seliges. Das Mechanische der Zeitlichkeit, das einen spannt und festhält, weicht so sanft zurück, und man schwimmt und schwebt, ohne Anstoß, auf Momente im ewigen Leben."

(Wilhelm Heinse, Dichter)

„Nur durch Beziehung aufs Unendliche entsteht Gehalt und Nutzen; was sich nicht darauf bezieht, ist schlechthin leer und unnütz."

(Novalis)

2._______________

„Es lebe die Freiheit! – Ich meine jene uralte lebendige Freiheit, die uns in großen Wäldern wie mit wehmütigen Erinnerungen anweht oder bei alten Burgen sich wie ein Geist auf die zerfallene Zinne stellt [...] – Aber damit ist es nun aus. Die Wälder haben sie ausgehauen, denn sie fürchten sich vor ihnen, weil sie von der alten Zeit zu ihnen sprechen und am Ende den Ort noch verraten könnten, wo das Schwert vergraben liegt."

(Joseph von Eichendorff)

3._______________

„Wenn ich es so recht innig genieße, wie der leeren Stille sich auf einmal, aus freier Willkür, ein schöner Zug von Tönen entwindet und als ein Opferrauch emporsteigt, sich in Lüften wiegt und wieder still zur Erde herabsinkt; – da entsprießen und drängen sich so viele neue schöne Bilder in meinem Herzen, dass ich vor Wonne mich nicht zu lassen weiß. – Bald kommt Musik mir vor wie ein Vogel Phönix, der sich leicht und kühn zu eigner Freude erhebt, zu eignem Behagen stolzierend hinaufschwebt und Götter und Menschen durch seinen Flügelschwung erfreut. – Bald dünkt es mich, Musik sei wie ein Kind, das tot im Grabe lag – ein rötlicher Sonnenstrahl vom Himmel entnimmt ihm die Seele sanft, und es genießt, in himmlischen Äther versetzt, goldne Tropfen der Ewigkeit und umarmt die Urbilder der allerschönsten menschlichen Träume. – Und bald – welche herrliche Fülle der Bilder – bald ist die Tonkunst mir ganz ein Bild unsers Lebens – eine rührend kurze Freude, die aus dem Nichts entsteht und ins Nichts vergeht – die anhebt und versinkt; man weiß nicht warum: – eine kleine fröhliche grüne Insel, mit Sonnenschein, mit Sang und Klang – die auf dem dunkeln, unergründlichen Ozean schwimmt."

(Wilhelm Heinrich Wackenroder)

4._______________

„Der Fleiß und der Nutzen sind die Todesengel mit dem feurigen Schwert, welche den Menschen die Rückkehr ins Paradies verwehren. Nur mit Gelassenheit und Sanftmut, in der heiligen Stille der echten Passivität kann man sich an sein ganzes Ich erinnern und die Welt und das Leben anschauen."

(Friedrich Schlegel)

5._______________

„Woher sollen wir nun aber Kraft schöpfen im Zustande tiefster Entkräftung? Woher die menschliche Stärke gegen den alles lähmenden Druck einer Zivilisation, welche den Menschen vollkommen verleugnet; gegen den Übermut einer Kultur, welche den menschlichen Geist nur als Dampfkraft der Maschine verwendet? Woher das Licht zur Erleuchtung jenes herrschenden, grausamen Aberglaubens, dass jene Zivilisation, jene Kultur an sich mehr wert seien als der wirkliche lebendige Mensch?"

(Richard Wagner, Komponist)

6._______________

„Ich möchte all diese Kultur im Stich lassen und mich zu dem simplen Schweizerhirten ins Gebirge hinflüchten und seine Alpenlieder, wonach er überall Heimweh bekommt, mit ihm spielen."

(Wilhelm Heinrich Wackenroder)

7._______________

„So vertritt die Kunst allemal die Gottheit, und das menschliche Verhältnis zu ihr ist Religion, und was wir durch die Kunst erwerben, das ist von Gott, göttliche Eingebung, die den menschlichen Befähigungen ein Ziel steckt, was er erreicht."

(Bettina von Arnim)

„Die Religion ist die allbelebende Weltseele der Bildung, das vierte unsichtbare Element der Philosophie, Moral und Poesie, welches gleich dem Feuer, wo es gebunden ist, in der Stille allgegenwärtig

wohltut und nur durch Gewalt und Reiz von außen in furchtbare Zerstörung ausbricht."
(Novalis)

„Religion ist Sinn und Geschmack fürs Unendliche. Die religiösen Gefühle sollen wie eine heilige Musik alles Tun des Menschen begleiten; er soll alles mit Religion tun, nichts aus Religion."
(Friedrich Schleiermacher, Philosoph und Theologe)

8.______________

„Das ist die Gewalt der Liebe, dass alles Wirklichkeit ist, was vorher Traum war, und dass ein göttlicher Geist dem in der Liebe Erwachten das Leben erleuchte."
(Bettina von Arnim)

„Solange wir nicht geliebt haben, dürfen wir nicht hoffen, uns selbst recht zu kennen. Nur selten gelangt das Weib zu einem freien, lebendigen Bewusstsein seiner Existenz, nur Liebe bringt Selbsttätigkeit und Leben in den dumpfen Kreis ihrer Ideen. Hier und hier allein ist es ihr vergönnt, ein freies Dasein zu genießen."
(Sophie Mereau, Schriftstellerin)

9.______________

„Der Historiker ist ein rückwärts gewandter Prophet."
(Novalis)

„Die Fabellehre enthält die Geschichte der urbildlichen Welt, sie begreift Vorzeit, Gegenwart und Zukunft."
(Novalis)

10.______________

„Der wesentliche Sinn des Lebens ist Gefühl. Zu fühlen, dass wir sind, und sei es durch Schmerz. Es ist die ‚sehnsuchtsvolle Leere', die uns dazu treibt, zu spielen – zu kämpfen – zu reisen – zum leidenschaftlichen Tun."
(Lord Byron)

11.______________

„Denn das ist der Anfang aller Poesie, den Gang und die Gesetze der vernünftig denkenden Welt aufzuheben und uns wieder in die schöne Verwirrung der Fantasie, in das ursprüngliche Chaos der menschlichen Natur zu versetzen."
(Friedrich Schlegel)

12.______________

„In jedem Kinde liegt eine wunderbare Tiefe."
(Robert Schumann, Komponist)

„Kinder müssen wir werden, wenn wir das Beste erreichen wollen."
(Philipp Otto Runge, Maler)

„Wo Kinder sind, da ist ein goldenes Zeitalter."
(Novalis)

aus: Die deutsche Literatur, a.a.O., S.355

Die Einheit Europas keimt

7 Über die Grenzen hinaus – Ein kurzer Blick auf Europa

William Pickett: Eisenwerk, Coalbrookdale (1805)

William Turner: Schneesturm. Schiff vor einer Hafeneinfahrt (1842)

Vergleichen Sie die beiden Gemälde mit den Bildern von C.D. Friedrich „Abtei im Eichwald“ und „Mönch am Meer“ (S.8/9). Gehen Sie auf die dargestellten Beziehungen ein
- zwischen Bauwerken und Natur („Abtei im Eichwald“ – „Eisenwerk“),
- zwischen Mensch und Natur („Mönch am Meer“ – „Schneesturm“).

Die Romantik war nicht allein eine deutsche, sondern durchaus eine europäische Bewegung, wenn auch mit zeitlichen Verschiebungen in den einzelnen Ländern. Die frühesten Ansätze sind wohl in Deutschland zu beobachten. In England erstarkte sie mit Beginn des 19. Jahrhunderts zunehmend, Frankreich erreicht sie erst später. Zur europäischen Bewegung wurde sie zum Beispiel auf dem Landsitz der Madame de Staël am Genfer See, wo sich die Brüder Schlegel, Chamisso und Lord Byron trafen.
Friedrich Schlegel formulierte in seiner Schrift „Zur Geschichte der alten und neuen Literatur" von 1803: „Die europäische Literatur bildet ein zusammenhängendes Ganzes, wo alle Zweige innigst verwebt sind, eines auf das andere sich gründet, durch dieses erklärt und ergänzt wird. Dies geht durch alle Zeiten und Nationen herab bis auf unserer Zeit."
Es gab bei allen nationalen Unterschieden eine Gemeinsamkeit in den romantischen Bewegungen – die Befreiung von den tradierten Normen und Formen in der Kunst. In der Mittelaltersehnsucht spiegelte sich der Wunsch nach Veränderung bestehender Zustände, die Reflexion der Geschichte führte zur utopischen Überwindung der Zerrissenheit Europas. Das Verhältnis des Menschen zur Natur wurde neu gesehen und in der Natur die Gegenwelt zu einer ständig wachsenden Stadtkultur erlebt, die einem Leben in Harmonie mit der Natur entgegenstand.

William Wordsworth: The daffodils

I wandered lonely as a cloud
That floats on high o'er vales and hills,
When all at once I saw a crowd,
A host of golden daffodils;
Beside the lake, beneath the trees,
Fluttering and dancing in the breeze.

Continuos as the stars that shine
And twinkle on the milky way,
They stretched in never-ending line
Along the margin of a bay:
Ten thousend saw I at a glance
Tossing their heads in sprightly dance.

The waves beside them danced;
but they Out-did the sparkling waves in glee:
A poet could not but be gay,
In such a jocund company:
I gazed – and gazed – but little thought
What wealth the show to me had brought.

For oft, when on my couch I lie.
In vacant or in pensive mood,
They flash upon that inward eye
Which is the bliss of solitude;
And then my heart with pleasure fills,
And dances with the daffodils.

aus: The Poetical Works of William Wordsworth. Oxford University Press, London 1910, p. 187

Lord Byron: Ode on Venice

Oh Venice! Venice! When thy marble walls
Are level with the waters, there shall be
A cry of nations o'er thy sunken halls,
A loud lament along the sweeping sea!
If I, a northern wanderer, weep for thee,
What should thy sons do? – any thing but weep:
And yet they only murmur in their sleep.
In contract with their fathers – as the slime,
The dull green ooze of the receding deep,
Is with the dashing of the spring-tide foam,
That drives the sailor shipless to his home,
Are they to those that were; and thus they creep,
Crouching and crab-like, through their sapping streets.
Oh! Agony – that centuries should reap
No mellower harvest! Thirteen hundred years
Of wealth and glory turn'd to dust and tears;
And every monument the stranger meets,
Church, palace, pillar, as a mourner greets;
And even the Lion all subdued appears,
And the harsh sound of the barbarian drum,
With dull and daily dissonance, repeats

The echo of thy tyrant's voice along
The soft waves, once all musical to song,
That heaved beneath the moonlight with the throng
Of gondolas – and to the busy hum
Of cheerful creatures, whose most sinful deeds
Were but the overbeating of the heart,
And flow of too much happiness, which needs
The aid of age to turn its course apart
From the luxuriant and voluptuous flood
Of sweet sensations, battling with the blood.
But these are better than the gloomy errors,
The weeds of nations in their last decay,
When Vice walks forth with her unsoften'd terrors,
And Mirth is madness, and but smiles to slay;
And Hope is nothing but a false delay,
The sick man's lightning half an hour ere death,
When Faintness, the last mortal birth of Pain,
And apathy of limb, the dull beginning
Of the cold staggering race which Death is winning,
Steals vein by vein and pulse by pulse away;
[...]

Lord Byron

Byron, George Gordon Noel, 6. Baron genannt Lord Byron, war wohl der exzentrischste unter den romantischen Dichtern. Er wurde 1788 mit einem lahmen Fuß geboren und litt bis zu seinem frühen Tod 1824 psychisch unter dieser Behinderung. Mit zehn Jahren erbte er Titel und Vermögen von seinem Großonkel. Er war in seiner Lebensauffassung melancholisch und exzessiv und wurde gleichermaßen von seinen Zeitgenossen bewundert wie auch wegen seiner unsteten Lebensweise abgelehnt. 1809 übernahm er seinen Sitz im House of Lords, Reisen ins südliche Europa hielten ihn aber für zwei Jahre von politischer Tätigkeit ab. Sein Werk „Childe Harold´s Pilgrimage" machte ihn 1812 bekannt. Aber schon 1816 verließ er England für immer, weil sein gesellschaftliches Ansehen schwer geschädigt war. Er lebte fortan in Genf und später in Venedig, wo er einen auffallenden Lebensstil pflegte, und schließlich in Pisa. Im Jahr 1823 schloss er sich dem Freiheitskampf der Griechen gegen das Osmanische Reich an und unterstützte deren Bewegung auch finanziell. Im darauf folgenden Jahr erlag er einem Fieber, kurz nachdem er das Oberkommando über die griechischen Truppen übernommen hatte.

aus: Lord Byron: Poetical Works. Oxford University Press, London 1967, p. 103f.

1 Übersetzen Sie in Gruppen die beiden Gedichte eines älteren (Wordsworth, 1770–1850) und eines jüngeren (Byron) englischen Romantikers.

2 Charakterisieren Sie die Beziehungen zwischen Mensch und Natur in den beiden Texten.

Novalis: Die Christenheit oder Europa

Es waren schöne glänzende Zeiten, wo Europa ein christliches Land war, wo eine Christenheit diesen menschlich gestalteten Weltteil bewohnte; ein großes gemeinschaftliches Interesse verband die ent-

aus: Novalis, a.a.O. Band 3, S. 507 f.

legensten Provinzen dieses weiten geistlichen Reichs. – Ohne große weltliche Besitztümer lenkte und vereinigte ein Oberhaupt die großen politischen Kräfte. – Eine zahlreiche Zukunft, zu der jedermann den Zutritt hatte, stand unmittelbar unter demselben und vollführte seine Winke und strebte mit Eifer, seine wohltätige Macht zu befestigen. Jedes Glied dieser Gesellschaft wurde allenthalben geehrt, und wenn die gemeinen Leute Trost oder Hilfe, Schutz oder Rat bei ihm suchten und gerne dafür seine mannigfaltigen Bedürfnisse reichlich versorgten, so fand es auch bei den Mächtigeren Schutz, Ansehn und Gehör, und alle pflegten diese auserwählten, mit wunderbaren Kräften ausgerüsteten Männer wie Kinder des Himmels, deren Gegenwart und Zuneigung mannigfachen Segen verbreitete. [...]
Nun wollen wir uns zu dem politischen Schauspiel unsrer Zeit wenden. Alte und neue Welt sind im Kampf begriffen, die Mangelhaftigkeit und Bedürftigkeit der bisherigen Staatseinrichtungen sind in furchtbaren Phänomenen offenbar geworden. Wie, wenn auch hier wie in den Wissenschaften eine nähere und mannigfaltigere Konnexion und Berührung der europäischen Staaten zunächst der historische Zweck des Krieges wäre, wenn eine neue Regung des bisher schlummernden Europa ins Spiel käme, wenn Europa wieder erwachen wollte, wenn ein Staat der Staaten, eine politische Wissenschaftslehre uns bevorstände! Sollte etwa die Hierarchie, diese symmetrische Grundfigur der Staaten, das Prinzip des Staatenvereins als intellektuale Anschauung des politischen Ichs sein? Es ist unmöglich, dass weltliche Kräfte sich selbst ins Gleichgewicht setzen; ein drittes Element, das weltlich und überirdisch zugleich ist, kann allein diese Aufgabe lösen. [...]

Victor Hugo

Der französische Schriftsteller **Victor Marie Hugo** (1802–1885) gilt als wichtigster Vertreter der französischen Romantik. Er wurde als Sohn eines Generals in Besancon geboren und veröffentlichte schon früh Gedichte. Mit 17 Jahren gab er bereits eine eigene Literaturzeitschrift heraus. Zeitlebens war er politisch engagiert, was ihn nach dem Erscheinen seines Versdramas „Hernani", in dem er einen Außenseiter zum Helden machte, zum Vorbild für die romantische junge Generation in Frankreich machte. Mit dem Roman „ Notre Dame de Paris"/ „Der Glöckner von Notre Dame" (1833) wurde er über die Grenzen hinaus berühmt. In der zweiten Hälfte seines Lebens wandte sich Hugo mehr und mehr aktiv der Politik zu. Er zog als bonapartistischer (republikanischer) Abgeordneter 1848 ins Parlament ein. Nach dem Staatsstreich von 1851 gegen Präsident Louis Napoleon (später Kaiser Napoleon III.) bekannte er sich zur Republik und musste ins Exil gehen Auf der Insel Guernsey schrieb er1862 seinen berühmtesten Roman „Les misérables – Die Elenden". Erst 1878, nachdem in Frankreich die Republik ausgerufen wurde, kehrte er nach Paris zurück.

Victor Hugo: Eine Vision von Europa

Sie [die aus den Kolonien zur Pariser Weltausstellung 1867 angereisten Besucher] kommen, die Augen übersättigt von Nacht, die Wahrheit zu schauen. [...] Sie wissen, dass es ein Volk der Versöhnung gibt, [...] eine offene Nation, die zu sich ruft, wer immer ihr Bruder ist oder es sein möchte. [...]
Im zwanzigsten Jahrhundert wird es eine außergewöhnliche Nation geben. [...] Diese Nation wird Paris zur Hauptstadt haben, und sie wird nicht Frankreich, sondern Europa heißen. Im zwanzigsten Jahrhundert wird sie sich Europa nennen, in späteren, noch verwandelteren Jahrhunderten wird sie Menschheit heißen. Die Menschheit, die endgültige Nation, wird von den Denkern, den Sehern des Verborgenen, schon jetzt geahnt; aber das 19. Jahrhundert trägt zum Aufbau Europas bei. Majestätische Vision!
Es gibt bei dem Entstehen der Völker wie bei den Einzelwesen eine Stunde hoher Durchsichtigkeit. Das Mysterium offenbart sich. Im gegenwärtigen Augenblick wird die erhabene Trächtigkeit des Schoßes der Zivilisation sichtbar. Die Einheit Europas keimt.
Übersetzt nach: Le droit et la loire, L´avenire, Declaration de pays. In: oevre complets, Bd. 1, Paris 1882, S. 4f. Ausgabe ?

1 Novalis stellt in seinen Ausführungen eine europäische Vision dar. Formulieren Sie diese in eigenen Worten.
2 Nennen Sie Unterschiede zu der Darstellung Victor Hugos.
3 Formulieren Sie eine heutige Vision von Europa.

Wie Flammen sind wir: einer kann den anderen entzünden

8 Zeitsplitter – Bausteine für einen „Lese-Salon"

Georg Friedrich Kesting: Die Stickerin

Das Bild zeigt typische Elemente romantischer Malerei. Fertigen sie für den Lese-Salon ein Poster mit dem Bild im Mittelpunkt an, das Ihren Mitschülerinnen und -schülern den Symbolgehalt der Elemente erläutert und damit das Bild erklärt.

Die Materialien und Vorschläge des letzten Kapitels sollen dazu dienen, Bausteine und Ideen für ein Unterrichtsprojekt „Lese-Salon" zur Verfügung zu stellen, die bearbeitet und erweitert werden können, um am Ende einen „Lesesalon" zu präsentieren und ergänzende Beiträge im Rahmen einer „Inszenierung" zu ermöglichen.
Mit verteilten Rollen können die vorgeschlagenen Texte im Klassenraum laut vorgelesen werden – dazu werden Rosinen gereicht, eine historische Anlehnung an den Salon der Rahel Levin (später Varnhagen), die in den Anfängen aus Geldmangel ihren Gästen neben den geistigen Genüssen nur Rosinen reichen konnte. Es war trotzdem immer voll! Die Texte finden Sie größtenteils im Internet.
Selbstverständlich gehören neben der Präsentation von Texten, Informationen und Bildern auch musikalische Einlagen dazu. Fragen Sie ihre Musiklehrer. Beziehen Sie außerdem die chorische Darbietung von Gedichten, das Spielen von Charaden und eigene Schattenrissarbeiten in das Projekt mit ein. Vielleicht finden Sie ja auch ein Publikum für einen solchen „literarischen Salon".
Wer sich intensiver über Salons informieren will kann das tun bei: Verena von der Heyden-Rynsch, Europäische Salons, München 1992. Oder Sie recherchieren im Internet zu Frauenbiografien der Romantik.

8.1 Salons

Anonym: Rahel Levin und ihre Gesellschaft. Gegen Ende des Jahres 1801 (Aus den Papieren des Grafen S****)

„Wo wollen Sie mich hinführen?"
„Zu Mademoiselle Levin, Rahel Levin."
[...] Ich fragte [...], wer und wie diese Person eigentlich sei?
„Sie ist", erwiderte Brinckmann, „ein selbständiges Mädchen von außerordentlichem Geist, klug wie die Sonne, und dabei herzensgut; durchaus eigentümlich; alles versteht, alles empfindet sie; und was sie sagt, ist in amüsanter Paradoxie oft so treffend wahr und tief, daß man es sich noch nach Jahren wiederholt, und darüber nachdenken und erstaunen muß. Die geistreichste und vornehmste Gesellschaft versammelt sich bei ihr, aber ganz ohne Prunk und Ostentation, ja ich möchte sagen, ohne Unterschied und Auswahl, ganz nach dem natürlichen Zuge der äußern Anlässe und der inneren Konvenienz. Sie ist wohlhabend, lebt sehr unabhängig bei ihrer Mutter, die für reich gilt; sie macht keinen Aufwand, die Bewirtung ist es nicht, um derentwillen man hingeht, alles Äußere ist höchst einfach, aber um so behaglicher, und in dieser Art doch wieder reichlich und auserlesen."
Wir hatten in die Jägerstraße eingelenkt, und nach wenigen Schritten standen wir vor dem Hause. Wir wurden gemeldet und angenommen, durch einen Saal in ein anstoßendes Eckzimmer geführt, und Brinckmann stellte mich der Dame des Hauses, und bald auch einigen andern Personen vor, die wir bei ihr fanden.
Demoiselle Levin war weder groß noch schön, aber fein und zart gebildet, von angenehmem Ausdruck; ein Zug von überstandenem Leiden – sie war in der Tat noch nicht lange von einer Krankheit genesen – gab diesem Ausdruck etwas tief Rührendes; doch ließ ihr reiner und frischer Teint, zusammenstimmend mit ihren dunklen und lebhaften Augen, die gesunde Kraft nicht verkennen, welche in

Rahel Varnhagen

Rahel Varnhagen, geb. Levin, wurde 1771 in Berlin als ältestes Kind des jüdischen Juwelenhändlers Markus Levin und seiner Frau Chaim geboren. Schon früh interessierte sie sich für Literatur und las unter anderem Shakespeare, Lessing, Dante und Rousseau. Das Erbe des Vaters und ihre umfassende Bildung ermöglichten es ihr, einen literarischen Salon in Berlin aufzubauen (erster Salon von 1790 bis 1806), der zum Zentrum der damaligen literarischen Bewegung wurde. Durch den Einzug von Napoleon in Berlin (1806 bis 1808) reduzierte sich das Vermögen der Familie Levin und das gesellschaftliche Leben erstarb in dieser Zeit. 1808 lernte Rahel Levin ihren späteren Mann, Karl August Varnhagen, kennen. 1814 heirateten sie und Rahel konvertierte zum Katholizismus. Nach einigen Reisen kehrten die Varnhagens 1819 nach Berlin zurück. Rahel führte ihren zweiten Salon, der jedoch die Bedeutung des ersten nicht erreichte. Schriftsteller wie Heinrich Heine (1821) schätzten die Gespräche der Gastgeberin. Rahel Varnhagen von Ense starb 1833.

dem ganzen Wesen vorherrschte. Aus diesen Augen fiel ein Blick auf mich, ein Blick, der bis in mein Innerstes drang, und dem ich kein schlechtes Gewissen hätte bieten mögen. Aber ich schien ihr dabei kaum ein Gegenstand näheren Interesses; es war dieser Blick nur wie eine vorüberstreifende Frage, die gar nicht ausführliche, sondern nur ungefähre Antwort wollte, und mit der rasch ergriffenen ganz befriedigt schien.

aus: Haas, Die Deutsche Literatur, Band V/2, S. 1114 f.

K. A. Varnhagen von Ense: Über den literarischen Salon der Rahel Levin

Das Gespräch wurde sehr lebhaft, und wogte, zwischen den Personen wechselnd, über die mannigfachsten Gegenstände hin. Ich wäre nicht fähig, die raschen Wendungen und den verschiedenartigen Inhalt hier wiederzugeben, und wage den Versuch nicht. Man sprach vom Theater, von Fleck, dessen Krankheit und wahrscheinlich nahen Tod man allgemein beklagte, von Righini, dessen Opern damals den größten Beifall hatten, von Gesellschaftssachen, von den Vorlesungen August Wilhelm Schlegels, denen auch Damen beiwohnten. Die kühnsten Ideen, die schärfsten Gedanken, der sinnreichste Witz, die launigsten Spiele der Einbildungskraft wurden hier an dem einfachen Faden zufälliger und gewöhnlicher Anlässe aufgereiht. Denn die äußere Gestalt der Unterhaltung war, wie in jeder anderen Gesellschaft, ohne Zwang und Absicht, alles knüpfte sich natürlich an das Interesse des Augenblicks, der Person, des Namens, deren gerade gedacht wurde. Vieles, was in Anspielungen bestand, und irgendeine Kenntnis voraussetzte, entging mir ganz, anderes wenigstens teilweise. Doch wenn Friedrich Schlegel seine Meinung sagte, zwar mühsam und unbeholfen, aber auch tief und gediegen, in der eigentümlichsten Werkstätte geschmiedet, so fühlte man gleich, dass hier kein leichtes Metall ausgegeben werde, sondern ein schweres und kostbares [...].

aus: Die Grenzboten. Zeitschrift für Politik und Literatur , Jg. 3 (1844), Bd. 2 (1. Semester), S. 709 f.

Heinrich Heine (dritter von links) in einem Berliner Salon 1822. Zeitgenössischer Holzstich

8.2 Schattenrisse

In Europa wurde die Silhouette zur Kunstform durch das Interesse an ostasiatischen Schattenspielen. Diese Spielart des Scherenschnitts kam Ende der fünfziger Jahre des 18. Jahrhunderts in Frankreich auf und ist mit der Person Etienne de Silhouette eng verbunden. Silhouette, im Jahre 1759 für einige Monate Finanzminister Frankreichs, versuchte durch [...] Sparsamkeit, Frankreichs finanzielle Misere zu lindern. Sein Name – etwas „á la Silhouette" zu tun – gerät so zum Synonym alles Kärglichen. Während in Frankreich das Silhouettieren rasch wieder aus der Mode kommt, verknüpft sich diese Manier im deutschsprachigen Raum mit einer Mentalität, die Dauer garantiert: der „Menschenkenntniß und Menschenliebe". Der Zürcher Pfarrer Caspar Lavater erweitert und systematisiert die Kunst dieses Scherenschnitts zu einer „Wissenschaft, den Charakter des Menschen im weitläufigen Verstande aus seinem Äußerlichem zu erkennen" [...]. Das Silhouettieren und Physiognomisieren wird rasch zu einer beliebten geselligen Beschäftigung. Zahlreiche Anleitungen in der Art der vorliegenden, die die Fertigung und Auswertung von Silhouetten erläuterten, überschwemmen den Buchmarkt.
aus: Katalog der Ausstellung Weimarer Klassik, München-Wien 1999, S. 147

Damenbildnis um 1800

Drei Redensarten: Wie Männer von Frauen zu Narren gemacht werden.

8.3 Scharaden

Die Szene spielt im Atzenbrugger Gutsschloss, einem Renaissancebau gotischen Ursprungs, der ursprünglich eine Burg gewesen war. In einem saalartigen Gemach, in das man ein Instrument und ein paar Stühle gestellt hat (rechts deuten sich tiefe Fensternischen an, in der Mitte des Hintergrunds öffnet eine Tür den Blick in zwei weitere Zimmer), führen sechs junge Leute in jener bürgerlichen Kleidung, die schon die Passagiere des Zeislwagens zeigten: fließende Kleider mit hochsitzender Taille bei den Damen, dunkle Fräcke zu hellen Westen und ebensolchen Hosen bei den Herren, eine Charade, ein Rätselbild vor, das von den elf andern nur drei junge Damen ins Auge fassen: ein Mädchen zur Linken, deren Begleiter (man sieht beide nur von hinten) in den Anblick der besenbewehrten Gestalt auf dem Ofen vertieft ist (sie soll Gottvater vorstellen) und zwei Mädchen zur Rechten, die eine stehend, sitzend die andere. Die übrigen acht sind mit sich selbst beschäftigt. Das Mädchen vorne rechts blickt versonnen auf einen jungen Mann, der hinter dem Klavier das Kinn in die Hand stützt, und achtet nicht ihres Nachbars, der sich mit dringlichem Ausdruck an sie wendet. Hinter den beiden sprechen ein junger und ein älterer Mann mit einer Dame im roten Kleid, die sich ihnen zugekehrt hat.
Ratschlagen sie über die Deutung des lebenden Bildes? Aber dies ist nicht besonders rätselhaft; man sieht sofort, dass es den Sündenfall vorstellt. Ein blonder, hochgewachsener Jüngling spielt den Baum der Erkenntnis; hinter ihm auf dem Stuhl stellt ein anderer junger Mann die Schlange dar und deutet auf den Apfel, den Adam gerade von Eva nimmt, indes rechts eine hochgewachsene junge Dame in wehendem weißen Kleid einen tuchumwundenen Stecken schwingt: der Erzengel mit dem Flammenschwert.
aus: Dieckmann, Friedrich, Franz Schubert: Eine Annäherung; Frankfurt a. M. und Leipzig, 1996, S. 116 ff.

8.4 Lesetexte

- Bettina von Arnim: An die Günderode. In: Bettina von Arnim: Werke und Briefe, Bd.5, hrsg. von Joachim Müller, Wissenschaftliche Buchgesellschaft, Darmstadt 1961, S. 197 ff.
- Christa Wolf: Der Schatten eines Traums. Karoline von Günderode – ein Entwurf. In: Christa Wolf: Lesen und Schreiben. Neue Sammlung. Essays, Aufsätze, Reden. Luchterhand, Darmstadt 1991, S.244 ff.
- Christa Wolf: Kein Ort. Nirgends. Luchterhand, Darmstadt 1981, S. 7 ff.
- Karoline von Günderode: Der Kuss im Traume. In: „Ich sende dir ein zärtliches Band". Die Briefe der Karoline von Günderode. Hrsg. von Birgit Weißenborn. Insel Verlag, Frankfurt a. M.; Leipzig 1992, S. 124.
- Bettina von Arnim: Der Tod der Günderode. In: Karoline von Günderode: Dichtungen. Hrsg. v. L. Pigenot, Hugo Bruckmann Verlag, München 1922, S. 211 f.

Lösungen

S. 21

Joseph von Eichendorff: Mondnacht

1. Strophe	2. Strophe	3. Strophe
Traum	*Harmonie*	*Sehnsucht*

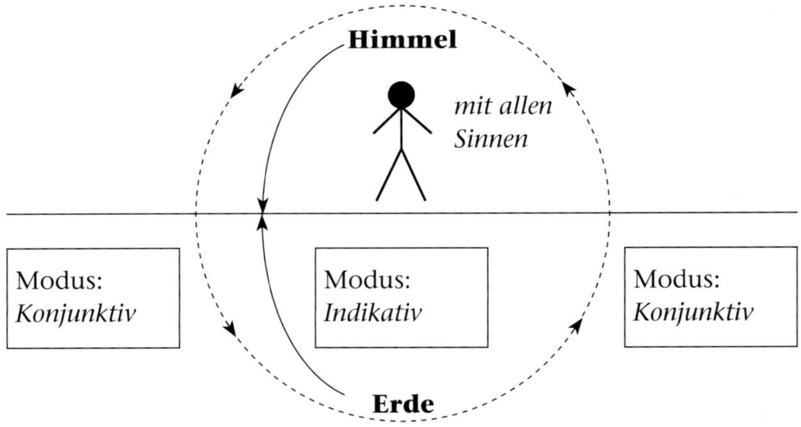

S. 58, Aufgabe 1

	1797	1837	1865
durch den Reisenden wahrgenommene Details	Weinbau Wetter Kalkstein Wald Kletterer Dorf Totesliegendes Basalt Feldbau	Blumen – Farbflecke – Streifen Getreidefelder – Strähnen Kleefelder – Zöpfe Zugschaffner – Schatten	ganz Frankreich gesamte Panorama Wesentliche einer Landschaft schnelle Aufeinanderfolge lieblicher Bilder und neuer Überraschungen Ziel
Art der Wahrnehmung	Detailwahrnehmung Einheit von Reisendem und Landschaft	Auflösung der Gegenstände, teilweise Vermenschlichung Entfremdung von Reisendem und Landschaft	Wahrnehmung der Landschaft als Panorama, als Bild Begeisterung des Reisenden

S. 60 ff:

1. Unendlichkeit
2. Freiheit
3. Musik
4. Ganzheit
5. Natur
6. Ursprünglichkeit
7. Religion
8. Liebe
9. Zeitalter
10. Gefühl
11. Fantasie
12. Kindheit